Wrack der *Verona*

S p i e k e r o o g

O s t p l a t e *Vogel-*
brutgebiet

N A T I O N A L P A R K
N I E D E R S Ä C H S I S C H E S
W A T T E N M E E R

0   500   1000   1500 m

mare

KATHARINA HAGENA

Mein Spiekeroog

mare

3. Auflage 2023
© 2020 by mareverlag, Hamburg
Karte Peter Palm, Berlin
Typografie Iris Farnschläder, mareverlag
Schrift Albertina
Druck und Bindung CPI books GmbH, Germany
ISBN 978-3-86648-611-9

www.mare.de

In Erinnerung an Anke

Inhalt

I. ÜBERFAHRT

Vorwort

Ein Buch über Spiekeroog zu schreiben, heißt, eine Parallel-Insel zu erschaffen, die zwischen zwei Buchdeckel passt, ein schwarzes Buchstaben-Eiland im weißen Seitenmeer, Sprachinsel aus Inselsprache.

Das Wort *Spiekeroog* trägt sein Inselsein im Namen, *-oog*, das bedeutet in der niederdeutschen Sprache Ostfrieslands »Insel«, kommt aber immer nur als Teil eines Wortes vor, *Oog* allein gibt es nicht. Woher *Spieker* kommt, weiß man nicht genau, es könnte Speicher heißen, aber besonders viel zu speichern gab es auf der Insel nie. Die ersten Insulaner lebten vor allem vom Fischfang. *Spieker* kann auch Nagel heißen, vielleicht, weil die Insel eine längliche Form hat? Allerdings haben die meisten der Ostfriesischen Inseln eine längliche Form. Und durch die starke Strömung werden sie auf der östlichen Seite auch immer länger.

Spiekeroog ist nicht dadurch entstanden, dass Teile des Festlands abbrachen – die Insel ist vom Meer angeschwemmt und vom Wind herbeigeweht worden. Der Sockel der Insel stammt aus der Eiszeit und liegt heute tief unter der Oberfläche. Spiekeroog ist ungefähr zehn Kilometer lang und nur zwei Kilometer breit. Erwähnt wird die Insel zum ersten Mal 1398, da heißt sie »Spickerooch«, und laut einer Quelle aus dem Jahre 1561 wird die Insel nur als Ort mit »schlechten Dünen« bezeichnet.

Erst 1448 beklagt sich der ostfriesische Häuptling Ulrich Cirksena darüber, dass »mynen undersaten uppe Spikeroch hundert shap genomen« worden seien – seinen Untertanen wurden hundert Schafe geklaut. Doch das sollte nicht das letzte Ungemach bleiben, das den Spiekeroogern widerfuhr. Nicht selten wurden sie von Piraten überfallen, die mitnahmen, was ihnen gefiel. Und schließlich legten sich die Insulaner auch noch mit ihrem Oberherrn an, Balthasar von Esens. Raub und Plünderungen ihres Dorfes waren die Folgen. Im Jahre 1806 wurde Spiekeroog dem holländischen Königreich zugeteilt und war damit Teil des napoleonischen Frankreichs. Nach der Auflösung des französischen Kaiserreichs fiel Ostfriesland an Hannover und damit an den englischen König, ehe es 1866 wieder preußisch wurde.

Die Inselsprache blieb jedoch die ganze Zeit über Plattdeutsch.

Als die Franzosen weg waren, kamen die ersten Badegäste nach Spiekeroog, aber erst später und spärlicher als auf manchen anderen Ostfriesischen Inseln. So begann der Badebetrieb auf Norderney schon fast dreißig Jahre früher. Auch heute ist auf Spiekeroog oft nicht ganz so viel los wie auf den meisten der sechs anderen Inseln, aber jetzt ist das einer der Gründe, warum die Leute überhaupt dorthin fahren.

Als Kind waren wir, mein Bruder und ich, mit unseren Eltern jedes Jahr in den großen Ferien auf Spiekeroog, mit achtzehn hatte ich meinen letzten Teenager-Sommer auf der Insel, als Studentin fuhr ich nur noch im Winter hin. Dann kam ich eine Zeit lang gar nicht mehr, bis ich selbst Kinder hatte. Mit ihnen war ich wieder jeden Sommer da. Inzwischen gehen sie aber mehr und mehr ihre eigenen Wege, entdecken ihre eigenen Inseln, und vielleicht finden sie irgendwann ihr eigenes Spiekeroog.

Mein Spiekeroog besteht aus Treibgut.

Erinnertes, Gelesenes, Gehörtes oder Geträumtes – alle Baustoffe dieses Buches sind angeschwemmt. Ich ziehe mir einzelne Stücke heraus und setze sie so zusammen, wie es mir passt, das meine ich ganz wörtlich: so, dass ich hineinpasse – ähnlich wie bei jenen durchlässigen Piratenverschlägen, die früher an den Randdünen des Oststrands standen. Inzwischen sind sie wahrscheinlich fortgespült oder weggeweht. Doch ich stelle mir vor, sie stehen immer noch dort, nur sind sie im Laufe der Zeit mehr und mehr versandet, bis nichts mehr von ihnen zu sehen war. Strandhafer und Silberdisteln haben sich auf ihnen niedergelassen, und längst sind sie zu einem Teil der Landschaft geworden.

Fürwort

Das besitzanzeigende Fürwort »mein« vor einem geografischen Begriff ist heikel. Es klingt nach Aneignung und Ermächtigung – ein besitzergreifendes Widerwort.

In Wahrheit liegen die Besitzverhältnisse zwischen Spiekeroog und mir genau andersherum: Diese Insel ist weniger die meine, als ich die ihre bin. Doch vielleicht möchte dieses »mein« gar keinen Besitz ergreifen, sondern ist vielmehr ein Ausdruck von Zärtlichkeit? So wie in dem Wiegenlied »Kindlein mein«, wo es nachgestellt ist. Insel mein.

»Dû bist mîn, ich bin dîn«, heißt es in jenem mittelhochdeutschen Liebesgedicht, das zwar »mein« sagt, aber erst, nachdem es »du« gesagt hat, und um im selben Atemzug zu erklären, dass es »dein« ist. Vielleicht ist es nur möglich, »mein« zu sagen, wenn man sich selbst schon verschenkt hat? Wenn mein und dein ineinander wohnen wie ein Herz im Herzen, dann kann »mein Spiekeroog« nicht nur meine Insel sein.

»Mein Spiekeroog« bedeutet also weniger Eigentum als eigentümliche Verbundenheit, hat weniger mit meiner inneren Haltung zu tun als vielmehr mit meinen Innereien. Bevor ich das Buch *Mein Spiekeroog* schreiben kann, hat sich Spiekeroog schon in mich eingeschrieben. Längst ist die Insel Teil meines Körpers geworden:

Da ist die zwei Zentimeter lange Narbe am Fuß aus jenem Sommer, in dem ich in die scharfe Eisenkante des fast – aber eben nur fast – vollständig von Sand bedeckten Wracks der *Verona* getreten bin. Als ich das letzte Mal dort war, ragte es hoch aus dem Sand, drauftreten konnte man nicht mehr, dafür aber hineinschauen in das schwarze Innere, vor dem mir graut.

Trotz meines geradezu religiösen Eifers beim Einschmieren mit Sonnenschutzfaktor fünfzig hat die Sonne eine Handvoll Muttermale in meine Haut gebrannt, einen kleinen rauen Fleck auf den Nasenrücken gestanzt, Linien von den Augenwinkeln in die Schläfen gezogen.

Nach Sandstürmen, Salzwasser und billigen Sonnenbrillen sind ein paar geplatzte Blutgefäße in den Augäpfeln zurückgeblieben.

Einer meiner linken Mittelfußknochen weist Zeichen des Verschleißes auf – vom ständigen Barfußlaufen nach Osten und nach Westen.

Noch immer sind da winzige Narben in den Kniekehlen und Handinnenflächen von den Abertausenden Knie-, Sitz- und Bauchwellen, Aufschwüngen, Unterschwüngen, Todessprüngen, die wir an den blauen Reckstangen übten.

Beim Volleyballspielen am Strand habe ich mir die Finger verstaucht und die Knöchel verknackst. Die Hämatome an Unterarmen und Oberschenkeln sahen aus wie bunte Inseln auf einer Seekarte, ein unbekannter Archipel, der sich langsam verschob, verformte und schließlich verblasste.

Irgendwo in meiner Speiseröhre muss es eine Narbe geben, die an jene Gräte erinnert, die ich als Kind in einem Spiekerooger Restaurant verschluckt habe. Nachdem ich sie mit Brot und Tränen schließlich heruntergewürgt hatte, konnte ich die Stelle noch tagelang hinter dem Brustbein spüren.

Meine Füße wurden punktiert von Splittern, die sich beim Gang auf den Holzplanken hinauf zur Strandhalle in die nackten Sohlen gebohrt haben. Fügte man alle Splitter wieder zusammen, würden sie eine ganze Planke ergeben.

Und nicht zuletzt gibt es all die kleinen Narben und Blessuren, die ich mir beim Bewegen und Verstellen des Strandkorbs zugezogen habe: gequetschte Finger vom Einstellen der Haube, Rückenschmerzen beim Drehen des Strandkorbs, blaue Zehen, die ich mir bei einer zu eng genommenen Kurve am ausgezogenen Fußteil verstauchte, eingerissene Fingernägel vom Aufschließen des versandeten Schlosses, eine rechtwinklige Narbe auf dem Spann, als beim Verschieben des Korbs mein Fuß kurz unter den des Strandkorbs geriet. Und natürlich die vielen Schürfwunden vom Stolpern über das Holzgitter, das immer jemand aus der Familie in den Sand neben den Korb wirft.

Je länger die Liste wird, desto unvollständiger wird sie.
Spiekeroog hat sich unter meiner Haut abgesetzt wie eine Tätowierung, hat sich eingeritzt, eingebrannt, eingezeichnet. »Meine« Insel zu sagen, ist also durchaus eine Einverleibung, aber nicht meinerseits, sondern inselseits.

Schwimmen, verschwommen

Als mein Bruder und ich sicher schwimmen konnten und nicht mehr, wie noch beim Ablegen unserer Frei- und Fahrtenschwimmer, mit dem Körper vollkommen senkrecht, den Kopf im Nacken und der Nase als höchstem Punkt, blind durchs Wasser pflügten, beschloss meine Mutter, dass es Zeit war, an die Nordsee zu fahren. Sie fand, wir wären nun bereit für Spiekeroog.

Sie hatte uns das Schwimmen selbst beigebracht, Freiundfahrten hatte ich mit vier Jahren zusammen mit meinem Bruder, der ein Jahr älter ist, in einem Ostseebad abgelegt. Das war sehr früh, aber meine Mutter war ungeduldig. Sie wollte endlich wieder selbst schwimmen.

Zu Hause am Baggersee hatte sie mit uns geübt, bis wir müde waren und mit blauen Lippen auf die Decke taumelten. In Handtücher gehüllt, aßen wir danach sonnengewärmte Kuchenstücke und Pfirsiche. Sobald wir saßen und uns – wegen der Handtücher – nicht mehr bewegen konnten, sagte sie beiläufig, dass sie »mal eben rüberschwimmen« wolle, und schon machte sie einen flachen Köpfer ins Wasser, tauchte weiter draußen wieder auf und schwamm, Brust und Kraul im Wechsel, hinüber auf die andere Seite des Sees. Wir konnten sie die ganze Zeit sehen.

Am anderen Ufer, es war ungefähr einen halben Kilometer entfernt, winkte sie uns kurz und schwamm wieder zurück. Wenn sie aus dem Wasser schritt, klebte ihr nasses Haar dunkel an Stirn und Schläfen, und sie lächelte fröhlich, wenngleich auch etwas verlegen. Die anderen Mütter schwammen meistens zu zweit oder zu dritt parallel zum Ufer, man konnte sie lachen und reden hören, und wenn sie herauskamen, hatten sie immer trockene Haare.

Solange man uns also noch mit Handtüchern und Sandkuchen am Ufer festhalten musste, verbrachten wir die Sommerurlaube an der Ostsee. Die Ostsee ist ein kleines Meer, kleine Kinder konnten gut darin stehen, es gab keine hohen Wellen, und wenn man aus dem Schlauchboot fiel, konnte man meistens allein wieder hineinkrabbeln. Man konnte mit dem Auto und dem Fahrrad bis an den Strand fahren, es gab eine Strandpromenade mit Läden, Fischbuden und einer Milchbar, wo mein Vater »Joghurt Spezial« bestellte, einen Traum aus gezuckertem weißem Joghurt mit einem Berg Obstsalat aus der Dose obendrauf.

Das alles gab es auf Spiekeroog nicht.

Und doch war meinem Bruder und mir klar, dass diese ostfriesische Nordseeinsel die nächste Ebene darstellte. Alles, was vorher gewesen war, war nur zur Übung. Für Nichtschwimmer war das nichts.

An meine erste Überfahrt kann ich mich nicht genau erinnern. Auch nicht an meine erste Reise mit der Inselbahn. Der erste Blick von oben auf den Strand. Meine erste Wattwiese. Alle meine Kindheitsinselsommer streben danach, in meiner Erinnerung zu einem großen Meerbild zu verschwimmen, und nur anhand von Kleidungsstücken, Fotos und den Erinnerungen anderer kann ich mühsam rekonstruieren, was wann gewesen sein könnte.

Schwimmend, verschwimmend, sich verschwimmend – das ist vielleicht die angemessene Art der Annäherung an diese Nordseeinsel, auf der meine Kindheit in jedem Wortsinne aufgehoben ist. »Die nächste Flut verwischt den Weg im Watt«, heißt es zu Beginn von Rilkes Nordseeinselgedicht, das ich noch immer vor mich hin flüstere, wenn ich auf Spiekeroog bin. »Und alles wird auf allen Seiten gleich.« Aus der nächsten Flut jedoch steigen die Erinnerungen herauf wie Inseln, die mal schärfer, mal verschwommener zu sehen sind. Mal legen sich im Laufe der Jahre Sandbänke um die Erinnerungsinseln, sie werden größer und verändern ihren Umriss, mal schrumpfen sie, gehen unter, werden abgetragen oder bewegen sich wie Wanderdünen langsam, Sandkorn für Sandkorn, an verschiedene Stellen des Gedächtnisses.

Überfahrt

Das erste Mal sind wir Mitte der Siebziger nach Spiekeroog gefahren, das weiß ich sicher. Vielleicht war es aber auch schon Anfang der Siebziger. Ich weiß nicht, ob wir auf der Fähre draußen oder drinnen saßen, ich schätze aber, draußen, denn meiner Mutter wurde drinnen immer schlecht. Ihr wurde auch draußen schlecht, aber da konnte man den Horizont besser im Auge behalten, es gab frischere Luft, und falls es zum Äußersten kommen sollte, zog sie die Reling dem Schiffsklo vor. Ja, wir werden also draußen gesessen haben, wahrscheinlich werden wir gefroren haben, wie wir es immer taten, wenn wir uns oben aufs Deck setzten. Es dauerte Jahrzehnte, bis ich begriff, dass man auch in einer Dreiviertelstunde bei Sonne trotz winddichten Anoraks vollkommen durchfrieren konnte.

Ein Ort wird erst dann zur Insel, wenn man sich ihm über den Seeweg nähert. Zwar gibt es Inseln, auf die man mit dem Auto oder dem Zug gelangt. Mir aber gefällt an Spiekeroog besonders, dass das nicht geht. Autos gibt es auf dieser Insel nicht, nur Lösch- und Krankenwagen, außerdem ist sie die einzige der sieben Ostfriesischen Inseln, die keinen Flugplatz hat, oder nicht mehr.

In der Nazizeit gab es einen Flugplatz. Auf den Salzwiesen im Westen, wo jetzt die Islandpferde grasen und Falken rütteln, landeten zwischen 1934 und 1945 Kriegsflugzeuge und Bomben-flieger. Davon zeugt heute nichts mehr. Einmal, da hatte ich aber schon selbst Kinder, musste ich ein widerspenstiges Islandpony durch die Wiesen führen und bildete mir ein, unter meinen Fü-ßen würde bisweilen ein gerader Weg aufschimmern, aber viel-leicht war das auch nur ein Teil der alten Inselbahntrasse, oder ein besonders akkurater Trampelpfad. Ich konnte jedoch nicht anhalten und es näher untersuchen, weil das Pony dringend nach Hause wollte.

Wenn man heute mit dem Schiff am Hafen anlegt, hat das im-mer etwas Festliches. Menschen stehen am Rand und singen und winken, und meistens sieht man Leute, die man kennt, weil sie auch schon immer herkommen. Die Insulaner winken na-türlich nicht. Wenn ich vom Shopping nach Hause komme, winkt meine Familie ja auch nicht von Weitem, selbst wenn sie mich abholen würden, um meine Taschen zu tragen.

Früher, als das Schiff noch am Anleger im Südwesten fest-machte, war das anders. Da gab es weniger Platz, es war hek-tisch und für kleine Kinder auch recht unübersichtlich. Wir mussten sofort in die bereitstehende Bahn steigen, möglichst in denselben Wagen wie unsere Eltern. Drinnen roch es ein biss-chen nach abgestandener Eisenbahn, aber die Bänke waren nicht aus staubigem Plüsch oder klebrigem Kunstleder, sondern aus Holz, was ich hübsch fand. Trotzdem wollten mein Bruder und ich lieber draußen fahren. Jeder Waggon hatte einen klei-nen Austritt, eine Art fahrenden Balkon. Man konnte sich also an die Balustrade dieses Austritts stellen und sowohl hinüber zum nächsten Wagen schauen als auch geradewegs nach unten. Denn dort, gleich unter der gewaltigen schwarzen Kupplung, lag das Meer!

Bei Flut fuhren wir ganz dicht über die unruhige Wasseroberfläche. Die Gleise standen auf Holzpfählen in der See, und nur wenige Zentimeter davon entfernt schwappten braungrüne Wellen, die bei stärkerem Wind durch die Gleise gedrückt wurden und manchmal sogar bis in den Wagen hinaufspritzten. Das war herrlich und beängstigend zugleich, selbst wenn es nur wenige Minuten dauerte, bis erst Sand und Muscheln und schließlich Queller und Gräser zwischen den Schienen sichtbar wurden.

Einmal, meine Eltern waren drinnen bei den Taschen geblieben, kamen wir von unserem Außenbalkon in den Wagen hinein und bemerkten, dass eine feine alte Dame mit weißem Haar und schwarzen Kleidern auf der Holzbank gegenüber meiner Mutter Platz genommen hatte. Sie trug eine Sonnenbrille und saß sehr aufrecht. Meine Mutter guckte ein bisschen komisch – zugleich aufgeregt und verlegen. Sie flüsterte uns zu, dass dort die Witwe von Gustav Heinemann sitze. Ich wusste nicht, wer Gustav Heinemann war, schaute mir die feine Dame trotzdem gut an, jedenfalls kann ich mich noch genau an sie erinnern – besonders aber an die Bewunderung und Anspannung meiner Mutter, die ich nicht ganz verstand, jedenfalls fanden mein Bruder und ich die Bahnfahrt durchs Meer viel spektakulärer.

Die Fahrt mit der Witwe des Altbundespräsidenten war nicht unsere erste Ankunft auf Spiekeroog. Ich weiß jedoch, dass mich auf meiner ersten *Rück*fahrt ein sich unentwegt küssendes Pärchen – sie waren höchstens dreizehn – die gesamte Seereise über in Bann hielt. Ich fand es aufregend, ahnte, dass das alles irgendwie verboten war, sowohl die Zungenküsse als auch das Zugucken. Der Junge war sehr blass und hatte dunkles Haar, das Mädchen war wunderhübsch. Sie lächelten sich nicht zu, sie sprachen nicht miteinander, sondern waren mit verzweifelter Hingabe – es war schließlich die Rückfahrt – ineinander vertieft.

Ich habe also keine Seehunde beobachtet, nicht die Insel, wie sie langsam verschwand, nicht die Möwen, die das Schiff begleiteten. Natürlich habe ich weder den blassen Jungen noch das Mädchen je wiedergesehen. Wahrscheinlich haben sie nicht einmal einander wiedergesehen. Sie waren damals mit einer großen Gruppe von Kindern und Jugendlichen auf dem Boot, gehörten zu jenen ferienverschickten Erholungsheimkindern, die am Strand immer unter sich blieben, als lebten sie auf einer Insel auf der Insel.

Oder sie haben sich zwar nie wieder gesehen, aber immer geschrieben, und noch heute schicken sie sich ab und zu eine Weihnachtskarte. Oder sie sind beide gestorben, er an einer Krankheit, sie bei einem tragischen Unfall, und, was aber niemandem je auffallen wird, beide am selben Tag. Oder sie leben noch heute, treffen sich jeden Sommer heimlich auf Schiffen und küssen sich durch die sieben Weltmeere.

II. REIZKLIMA

Frische Luft

Das Küssen – ich komme später noch einmal darauf zurück – ist nur eine Spielart der mannigfaltigen physischen und metaphysischen Reize Spiekeroogs. Meine Mutter erklärte uns, auf der Insel herrsche ein sogenanntes Reizklima, und noch immer kommt es mir vor, als wären hier alle Sinne immerzu in einem Zustand der besonderen Geschärftheit, würden unentwegt und alle auf einmal gereizt. Als würde das Klima unbekannte Rezeptoren freilegen, Synapsen neu verschalten, spezielle Transmitterstoffe ausschütten.

Würde man mich mit verbundenen Augen und Ohrstöpseln über Spiekeroog mit einem Fallschirm aus dem Hubschrauber werfen, könnte ich, so bilde ich mir zumindest ein, am Geruch erkennen, wo ich mich befinde: Jeder Weg auf Spiekeroog riecht anders. Der eine mehr nach Krähenbeeren, der andere mehr nach Heide, einer nach Heckenrosen, einer nach Jelängerjelieber, einer nach Pommes frites, einer nach Seetang, einer nach Schlick, einer riecht nach Harz und Nadeln, einer nach Moos und Laub, einer nach Butterzimtwaffel, einer nach Chlor, einer riecht nach modrigem Tümpel, einer nach Meer, einer nach gebratenem Fisch, einer riecht nach Strandwermut, einer riecht nach Pferd, einer nach Sonnencreme, einer nach Buttermilch und wieder ein anderer nach Schaf.

Aber auch der Soundtrack der Insel ist unverwechselbar: Am Strand ist es eine Mischung aus Möwen, Meer, Kinderstimmen, Volleyballaufschlägen, Schlagballpfiffen, Austernfischerrufen und Seeschwalbengeschrei, durchbrochen von Pferdegalopp und dem Gebimmel der Badezeitenglocke.

Am Hafen besteht er aus Möwenschreien, Schafeblöken, Elektromotorengesurr, klirrenden Segelbootmasten und, wenn ein Schiff kommt, Schiffshupen, Rufen, Abschiedsliedern, Containergerumpel.

Im Dorf wiederum hört man Möwengeschrei, Taubengurren, Menschenstimmen, Bollerwagen, Radiomusik, Spatzen und Stare. Im Watt sind es Möwen und andere Wasservögel, und wenn es still und neblig ist, dann kann man vernehmen, wie das Watt schlürft und schmatzt, wie sich Muscheln knackend schließen, wie kleine Luftblasen platzen, weil im Schlick irgendetwas atmet oder verwest.

Im Osten hört man das Windrad, im Westen den Wind.

Das Reizklima besteht wie jedes Klima zu einem nicht geringen Anteil aus Wetter.

Alle Urlauber stehen früher oder später bangend vor den Aushängen mit der Drei-Tage-Wettervorhersage und seufzen oder jauchzen. Nicht dass es hier besonders kalt oder besonders heiß würde, aber das Wetter ist ein wichtiger, nie enden wollender Gesprächsstoff, nicht zuletzt, weil dein Haus mindestens einen Kilometer vom Strand entfernt liegt und du es dir sehr gut überlegen musst, ob du beim Anblick einer dunklen Wolke packst und heimrennst oder lieber den Strandkorb in eine wasserdichte Festung umbaust und sitzen bleibst.

Meistens verzocke ich mich dabei.

Wenn sich der Himmel verdunkelt, bleibe ich zunächst ruhig

im Strandkorb und blicke mitleidig auf die Schar der geduckten Kurgäste, die eilig ihre Bollerwagen den Holzweg hinaufzerren. »Anfänger«, denke ich selbstzufrieden, oder »Tagesgäste«. Mit lässiger Gebärde lege ich ein paar imprägnierte Decken über unsere Rucksäcke. Doch sobald die ersten Sturmböen am Strandkorb rütteln, stelle ich mir vor, jetzt für Stunden hier unten festzusitzen, statt zu Hause Tee zu trinken und Kekse zu essen, und plötzlich kann ich mir nichts Schöneres denken als Tee und Kekse, also packe ich panisch alles zusammen, rufe die Kinder und zwinge sie, sofort aufzubrechen. »Warum sind wir denn nicht schon vor einer Viertelstunde losgegangen, dann hätten wir jetzt nicht diese Hektik?«, fragen sie genervt. Ich versuche, etwas möglichst Passiv-Aggressives zu erwidern, das bei ihnen maximale Schuldgefühle auslöst und sie zum Verstummen bringt, und schreite sodann beherzt voran. Doch kaum sind wir an der Strandhalle vorbei, wo wir uns noch hätten unterstellen können, gibt es einen Wolkenbruch.

Nirgends bin ich so oft so klatschnass geworden wie auf Spiekeroog. Ich war hier schon so nass, dass der Regen in meinen Schuhen nicht mehr bloß schmatzende, sondern tatsächlich gluckernde Geräusche machte. Ich habe beim Auswringen von durchgeregneter Wäsche schon Waschbecken gefüllt. Und weil der Regen selten ohne Wind und der Wind selten ohne Salzwasser daherkommt, werden die Sachen auch nie wieder trocken.

Wenn die Regenwolken sich auf dem Festland oder über dem Meer abregnen, bilden sich dunkle Schleier als Verbindungsströme zwischen Himmel und Meer. Tatsächlich kommt es mir manchmal so vor, als wäre die Grenze zwischen dem Wasser oben und dem Wasser unten verwischt. Manchmal fällt der Regen so dicht, dass zwischen den Tropfen keine Luft mehr zu sein scheint. Regenbogen tauchen unvermittelt auf, oft doppelte, dreifache, und verschwinden schnell wieder. Von den Bäumen regnet es noch eine ganze Weile, nachdem der Himmel wieder klar ist. Und obwohl der Sand am Tag schnell trocknet, hängt der Nachttau noch lange in den Dünen.

Als Kinder waren wir dem Wetter besonders ausgeliefert, erstens, weil es keine Regen-App gab, und zweitens, weil meine Mutter es wichtig fand, dass wir uns viel an der frischen Luft aufhielten. Dabei litt sie von uns allen am meisten unter den Elementen: Nur auf Spiekeroog haben die Hände meiner Mutter vor Kälte so gezittert, dass ihr rosa Kirschjoghurt links und rechts über den Becherrand in den Strandkorb schwappte. Und auch mir war bei minus vierzig Grad in Kanada deutlich wärmer als bei null Grad am Hafen von Spiekeroog, wo wir vor ein paar Jahren im Januar zwei Stunden auf die Fähre warteten, die sich den Weg durch das angefrorene Wasser bahnen musste.

Doch wenn es warm ist auf der Insel, dann möchte man nirgendwo anders sein als eben genau hier. (Wenn es kalt ist, aber eigentlich auch nicht. Bloß bei Eissturm muss man vielleicht nicht unbedingt am Hafen stehen.)

Ist es sehr heiß, kann der Weg zum Strand mit dem ganzen Gepäck mühsam sein. Dort angekommen, verkriechen sich alle in den Schatten hinterm Strandkorb. Sitzt man aber zu lange im Schatten, wird einem wieder kalt: »Guckt, mir sterben die Finger ab«, sagte meine Mutter mehrmals in der Woche, hielt ihre großen Hände hoch, und wir sahen, dass die Finger von den Kuppen her weiß geworden waren. Meine Mutter sagte »s-terben« mit einem stimmlosen s vorne, weil sie aus Norddeutschland kam. Wir fanden ihre abgestorbenen Finger erschreckend, fürchteten, dass, sobald das Weiße ihr Herz berührte, sie auf der Stelle tot umfallen würde. Aber meine Mutter lachte und sagte, sie müsse sich nur ein bisschen bewegen. Sie erhob sich langsam, schlenderte ein paar Meter vom Strandkorb weg und rannte davon. Sie rannte oft. Mal nach Westen, mal nach Osten. Wenn sie zurückkam, war sie wieder warm, legte sich in die Sonne und las ihr Buch. Nach Hause gehen stand nicht zur Wahl.

Wind

Auf Spiekeroog weht immer Wind, selbst bei Windstille. Spätestens unten am Strand wird es frisch, meistens kühlt mir aber schon hinter der vorletzten Düne auf dem Weg dorthin die erste Brise die Stirn. Wenn es nicht windstill ist, sieht man Möwen, die fliegen, ohne von der Stelle zu kommen. Die Seevögel sammeln sich auf den Sandbänken und stellen sich mit dem Gesicht in die Windrichtung. Vielleicht auch, weil sich ihre Federn sonst mit einem Knacks, den ich mir genau vorstellen kann, umstülpen würden, wegknicken wie die Speichen eines Regenschirms, den man auf der Insel genau aus diesem Grund nur selten benutzt. Bei Sturm heult der Wind um die Ecken der Häuser, rüttelt an den Masten der Segelschiffe im Hafen, sodass ihr aufgeregtes Klirren bis ins Dorf getragen wird.

Als wir klein waren, konnten wir uns schon bei starkem Wind, der aber noch kein Sturm war, kaum aufrecht halten. Mit ausgebreiteten Armen legten wir uns in den Gegenwind und wurden getragen. So mussten sich Vögel fühlen, kurz vor dem Losfliegen. Doch Wind kommt leider in Böen, und so fielen wir immer wieder zurück auf die Erde.

In den letzten Jahren habe ich ab und zu Windhosen und Wasserhosen auf dem Meer gesehen, Staubteufel über den Dünen und andere tornadoartige Lufterscheinungen. Doch jedes

Mal lösten sie sich rasch wieder auf. Manchmal kam es mir vor, als hätte ich sie nur geträumt, aber sie waren wirklich da. Der Wind auf Spiekeroog bläst Volleybälle ins Meer und Kaffeebecher in den Sand. Er wirft Strandkörbe durch die Gegend. Er bricht Vögeln den Hals, schubst Häuser ins Meer, lässt Dünen wandern.

Und auf dem Zeltplatz fliegen Zelte mit schlafenden Kindern durch die Luft. Wahre Geschichte.

Den Film *Vom Winde verweht* sah ich bezeichnenderweise auf Spiekeroog zum ersten Mal. Meine Mutter, die Filme liebte, aber manchmal ein schlechtes Gewissen hatte, wenn sie allein ins Kino ging, überredete mich, mit ihr diesen alten Film anzuschauen. Sie schwärmte so sehr davon, dass ich es kaum erwarten konnte. Damals war die Sporthalle noch nicht abgebrannt. An zwei oder drei Abenden pro Woche wurde sie mit Stühlen versehen und zum Kino umfunktioniert. Bevor es die Turnhalle gab, ging man zum Filmegucken in den Kursaal, und nach dem Brand auch. Aber meine Spiekerooger Kinozeit fand vor allem in der Turnhalle statt. Die Filme kamen in großen Rollen mit dem Schiff, und manchmal entdeckten wir sie in ihrem Behälter, sodass wir schon auf der Fähre lesen konnten, welche Filme gezeigt werden würden. Meine Mutter fand, mit dreizehn sei ich bereit für die großen Gefühle von *Doktor Schiwago* und *Vom Winde verweht*, und sie fand auch, man müsse sie unbedingt auf einer großen Leinwand erleben. Zu Hause liefen die alten Filme aber nur noch im Fernsehen, deswegen freute sie sich auf die Filme ihrer Jugend, die sie sich auf der Insel alle noch einmal anschaute. Ich glaube, ich war noch zu jung für *Vom Winde verweht*. Vielleicht war ich auch erst zwölf. Der Film blies mich um, fegte mich weg. Ich konnte drei Tage nicht schlafen, bewegte mich wie in Trance. Ich fühlte mich wie eine Möwe, die sich aus Versehen im falschen Winkel auf die Sandbank gestellt hatte. Gnadenlos war ich den Stürmen der Leidenschaft all jener hinreißend schönen Menschen ausgeliefert. Das offene Ende des Films hatte mich zutiefst aufgewühlt. Meine arme Mutter hatte nun ein viel schlechteres Gewissen, als sie es gehabt hätte, wenn sie mich *nicht* mitgenommen hätte. Nach drei Tagen wusste ich, dass es von alleine nicht besser werden würde. Ich musste handeln. Also begann ich, eine Fortsetzung von *Vom Winde verweht* zu schreiben. Es musste unbedingt ein Ende geben, mit dem ich im Einklang mit der Welt weiterleben konnte. Meine Fortsetzung war ungefähr fünfzig handgeschriebene Seiten lang, sie passte genau auf den karierten DIN-A4-Block, den ich dabeihatte, und natürlich kam Rhett am Ende zurück, und dieses eine Mal machte Scarlett keine allzu großen Zicken.

Es war das Längste, was ich je geschrieben hatte, und als es nach ein paar Tagen fertig war, konnte ich endlich wieder schlafen. Das Verfassen dieses – gottlob verschollenen – Textes, so kitschig und eskapistisch er auch gewesen sein mag, war ein Akt der Selbsterhaltung. Die Ambivalenz des Erzählens, sein zugleich lebensgefährliches wie lebensrettendes Moment, hat sich mir auf Spiekeroog jedenfalls schon früh und, wie alles auf der Insel, ganz körperlich mitgeteilt.

Frisches Wasser

Für meine Mutter bedeutete Reizklima, dass wir besonders viel atmen und ununterbrochen an der frischen Luft sein sollten. Und natürlich viel schlafen – möglichst an der frischen Luft, die hier frischer war als irgendwo sonst auf der Welt, ebenso wie das Leitungswasser. Über das Spiekerooger Leitungswasser geriet meine sonst eher verhaltene Mutter richtig ins Schwärmen. Zahnputzbecher um Zahnputzbecher kippte sie von dem Zeug hinunter und schüttelte ungläubig den Kopf darüber, wie köstlich es war.

Das mit der Luft konnten wir noch hinnehmen, doch ihre Vorliebe für das Leitungswasser ließ uns am Verstand unserer Mutter zweifeln. Wenn mein Bruder und ich auf Spiekeroog Wasser ins Becken einließen, wurde es gelblich und bräunlich, egal, wie lange wir den Hahn laufen ließen. Gelblich und bräunlich sind nicht die Farben, die man sich für sein Leitungswasser erhofft. Mein Bruder und ich waren angewidert, glaubten, dass – im besten Falle – die Armaturen unserer Pension rostig seien, oder aber, dass man in Ermangelung von Süßwasser einfach Brackwasser in die Leitungen gekippt habe. Meine Mutter erklärte uns, dass das Gelbliche und Bräunliche gerade das Gesunde sei. Schicksalsergeben tranken wir die Brühe aus den längs gerippten Zahnputzgläsern. Waren wir erst vergiftet, würde sie schon sehen, was sie von ihrem Leitungswasser hatte.

Unser Vater, der auf Spiekeroog viel Zeitung las und an der frischen Luft schlief, nahm die Gelegenheit wahr und ging mit meinem Bruder und mir zum Wasserwerk hinterm Hallenbad. Den Mann, der dort herumlief und uns eigentlich gerade verscheuchen wollte, zog unser Vater gleich in ein tiefes Wasserwerksgespräch. Mein Vater liebte es, mit Wasserwerksangestellten, mit Elektrizitätswerksarbeitern, mit Leuten von der Müllverbrennungsanlage, dem Recyclinghof, den Abwasser- und Kläranlagen, Kraftwerken und Raffinerien zu fachsimpeln. Er ist Experimentalphysiker, aber seine größte Leidenschaft gilt der Optimierung des Alltäglichen, er ist ein fundamentalistischer Realo. Daher sind städtische Werke seine Spezialität: Sie haben etwas mit physikalischen Prozessen zu tun und bieten zugleich, da sie dem Staat unterstehen, viel, sehr viel Raum für Verbesserung. Der Mann vom Spiekerooger Wasserwerk erklärte uns, dass es eine »Süßwasserlinse« gebe, gleich hier in den Dünen. Sie bestehe aus Regenwasser, das sich unterirdisch sammle und nicht weit unter der Oberfläche eingeschlossen sei. Eigentlich erklärte es mein Vater *ihm*, und er nickte und sagte »genau«, oder vielleicht »jau«. Das Interesse meines Vaters freute ihn trotzdem, das konnte man sehen.

Zwar löste das Wasserwerk in mir keine ähnliche Verzückung aus wie in meinem Vater, aber das Wort »Süßwasserlinse« umso mehr. Schon als Kind hegte ich eine große, durchaus mit Angst versetzte Vorliebe für Wasserlinsen – jene leuchtend grünen Blättchen, die sich als trügerische Teppiche auf Teichen ausbreiteten. Die Wasserlinsen bildeten eine durchlässige, wenngleich undurchsichtige Grenze zwischen der Welt und einem verborgenen Wasserreich. Doch das war nicht der Grund, warum mir das Wort so gefiel; nicht einmal die Vorstellung eines gigantischen, flüssigen Vergrößerungsglases reichte dafür aus. Nein, es war der Klang des Wortes »Süßwasserlinse«, bei dem ich mir sofort vorstellte, dass wir uns ja auf einer Insel befanden, die selbst eine Art Linse war, also eine Kapsel umgeben von Wasser, und in dieser lag verkapselt eine Linse aus Wasser, und darin war womöglich eine linsengroße Insel, und in dieser Linseninsel war wieder eine Nanolinse mit Wasser und darin wieder eine Insel, darin eine Linse, Insel, Linse, Insel, Linse und immer so weiter! Und dass die Linse in der Insel letztlich nur die Umkehrung der Insel in der Linse war. Und dass sich alles schon in der Anordnung der Buchstaben widerspiegelte. Und alles das sog mich in einen Gedankenstrudel, aus dem ich mich erst befreien konnte, wenn ich schon das Gefühl hatte, vom Umriss her zu verlaufen, um mich bald ganz aufzulösen.

III. DER STRAND

Im Winter, wenn es keine Strandkörbe mehr gibt, wenn der Nebel über dem Wasser liegt, Himmel, Meer und Sand ganz ineinanderwehen, dann ist es am Oststrand der Insel wie auf einem fremden Planeten. Ein paar Pflöcke stehen herum, aber was sie bedeuten, ist nicht zu entziffern. Aus den Dünen ragt die hölzerne Bake wie eine Landestation für Ufos, und weiter hinten schält sich das Wrack aus dem Wasser, Reste eines vergessenen Raumschiffs.

Sand

Am Strand ist der Tastsinn ständig gereizt. Der Sand ist weiß, ganz fein und weich und wird schon wenige Zentimeter unter der sonnengewärmten Oberfläche kühl. Der Regen färbt den Sand an der Oberfläche dunkel, und frische Fußabdrücke leuchten hell. Natürlich gibt es nicht nur eine Art von Sand.

Vorne liegt der tiefe, weiche weiße Sand, dorthin gelangt die Flut im Sommer nur selten. Dann kommt der halb trockene Sand mit mehr Muscheln darin, die meisten davon zerbrochen. Und schließlich gibt es noch jene großen, sandbankartigen Flächen, die nur bei Ebbe auftauchen, manche mit Wellenmustern, manche glatt. Die welligen Sandbänke tun unter den Fußsohlen weh. Je tiefer das Geriffelte, desto schmerzhafter ist es für die Gehenden – besonders, wenn man darauf rennt.

Im warmen, schleimigen Prielmatsch vergraben sich Krabben, Garnelen und Einsiedlerkrebse. Am Strand unterhalb des Damenpads kann man in Schlicklöcher einsinken, und im äußersten Westen der Insel gibt es Stellen mit Treibsand, die jedes Jahr ein bisschen woanders liegen. Das ist der gefährlichste Sand.

Manchmal geht man über Strandabschnitte, auf denen eine bröckelige Sandkruste aus getrocknetem Regenmatsch liegt. Beim Darauftreten bricht sie sofort, und es fühlt sich angenehm an, so als ginge man barfuß auf einer großen Crème brûlée. Bisweilen bläst der Ostwind bei Ebbe den weißen Sand kilometerweit über die dunklen Bänke, und jedes Korn wird zum Projektil. Solange nur die Schienbeine von Nadelstichen perforiert werden, kann man es hinnehmen, aber sobald das Gesicht beschossen wird, muss man auf der Stelle umdrehen.

Mein Lieblingssand ist jedoch jener, der beim Nachziehen der Füße schreit. Ich verstehe nicht, wieso er es tut, und dieser Sand ist auch nicht immer da. Aber wenn er da ist, befindet er sich zwischen der trockenen und der halbtrockenen Zone. Schlurft man nur kräftig genug mit den Fersen darüber, entweicht ihm ein wimmerndes Geräusch wie beim Zerreißen von dünnem Stoff.

Beim Beschreiben des Sandes und der Luft denke ich daran, dass »reißen« und »reizen« nicht von ungefähr dieselbe germanische Wurzel haben und dass es von dort nicht weit ist zum Ritzen und Einritzen, was wiederum das Wort ist, das dem englischen Wort »write« zugrunde liegt. Und so wird ein Schreiben über die Risse, Ritzen, Einkerbungen und Zeichen, die die Insel in meinem Gedächtnis und meinem Körper hinterlassen hat, immer zugleich zu einer Bestandsaufnahme der Sprache, zu meiner Geschichte ihrer Entdeckung – der Sprache wie der Insel.

Schwimmen 2

Am Badestrand wird gebadet, deshalb heißt er so. In der Mitte des 19. Jahrhunderts, als der Badebetrieb auf Spiekeroog erst langsam anlief, gab es einen Herren- und einen Damenbadestrand, wobei Damen vielleicht auch auf den Herrenbadestrand durften, darüber ist nirgends etwas zu lesen. Herren durften jedoch unter gar keinen Umständen auf den Damenbadestrand. Die Herren schwammen ganz im Westen, die Damen weiter östlich, nämlich am Ende des Damenpads, und dazwischen gab es eine neutrale Zone. Badewärterinnen passten scharf auf, dass alles manierlich zuging, doch sie und ihre männlichen Kollegen teilten auch Handtücher aus, sammelten die gebrauchten wieder ein, wiesen Badeplätze und Badekutschen zu und bekamen ein kleines Gehalt, das sich danach richtete, wie viele Leute zum Baden an den Strand kamen.

Heute dürfen die Gäste entlang des ganzen Nordstrands baden. Ganz am Ostende liegen zwar die Vogelschutzzone und die Robbenplate, aber ins Meer darf man trotzdem. Die Badezeiten sind auf kopierten Zetteln in den Schaukästen ausgehängt. Es gibt zweimal am Tag Flut, aber nur einmal am Tag Badezeit. Badezeit bedeutet, dass die Badefahne gehisst wird, die Badeglocke bimmelt und dass sich die DLRG-Leute in ihren orangefarbenen Kapuzenpullis am ebenfalls orange gekennzeichneten Bereich des Meeres in Position bringen. Sie haben Trillerpfeifen, in die sie blasen, wenn sich jemand allzu weit aus diesem Bereich entfernt. Ein bisschen rausschwimmen darf man aber schon. Nur, wenn sich jemand Richtung Helgoland davonzumachen scheint oder wenn das Meer sehr unruhig und die Strömung stark ist, pfeifen sie. Sie schauen nach denen, die sehr alt sind oder sehr jung, oder nach Kindern, die ihre Mama nicht mehr finden. Sie sind da, wenn jemand in eine Muschel tritt oder von einer Nesselqualle gestreift worden ist.

Als Kinder fanden wir die DLRG-Leute cool, die Männer wie die Frauen: Sie waren sehr braun und windzerzaust. Sie konnten gut schwimmen, Motorboot fahren und Leben retten, und sie wohnten alle zusammen in einem DLRG-Haus im Dorf, grillten abends in ihrem Garten und interessierten sich, wie uns schien, kein Stück für die normalen Kurgäste. (Später merkte ich, dass dem doch nicht so war, was mich, ehrlich gesagt, fast ein wenig enttäuschte.) Außerdem waren diese orangen Kapuzenpullis sehr kleidsam, vor allem, wenn man braun war und windzerzaust.

Mein Vater wurde oft zurückgepfiffen, wofür mein Bruder und ich uns ziemlich schämten. Er merkte jedoch fast nie, dass er gemeint war, wofür wir uns noch mehr schämten. Mein Vater hatte einen sehr besonderen Schwimmstil, den er sich einzig für das Schwimmen in der Nordsee vorbehielt: Er schwamm vorwärts auf dem Rücken. Dabei setzte er sich ins Wasser, streckte die Beine aus und schob sich dann mit den Armen rudernd und den Füßen voran durchs Meer, wobei Zehen und Kopf immer weit über der Wasseroberfläche blieben.

Nach dem Baden rannte er schnaubend zur Süßwasserdusche und rubbelte das Meer von sich ab.

Ich selbst habe nicht immer Lust auf die Duschen. Sie stehen direkt vor den Strandkörben anderer Leute, die einem beim Abbrausen zusehen. Das kommt mir jedes Mal etwas seltsam vor, und ich frage mich, ob die Leute den Strandkorbmann extra darum bitten, diesen Sommer unbedingt wieder einen Korb mit Blick auf die Duschen beziehen zu dürfen.

Wenn man nicht duscht, trocknet das Meerwasser auf der Haut, und Salzkristalle kleben an den feinen Härchen und ziehen an ihnen. Das ziept, und als Kinder haben wir es gehasst. (Da gab es aber auch noch keine Duschen am Strand.) Überall am Körper bilden sich weiße Salzränder, und beim Drüberstreichen staubt es. Die Augen brennen vom Salz, das an den Wimpern haftet. Sie werden rot, und manchmal entzünden sie sich, aber dafür bedarf es meistens noch eines kräftigen Winds. Nach dem Baden muss man sich schnell wieder eincremen, sonst wird die Haut auch rot.

Nur die Haare der Kinder werden weiß.

Schlumpfburg

Das mit dem Reizklima glaubten mein Bruder und ich sofort. Wir spürten diese ständige Gereiztheit sehr stark, denn wir zankten uns viel, aber das war vielleicht normal in den Ferien. Eigentlich waren wir froh, dass wir uns hatten und dass wir keine fremden Kinder ansprechen mussten. Wenn wir uns nicht stritten, dann bauten wir Schlumpfburgen im Sand, weitläufige Konstrukte mit unterirdischen Gängen und oberirdischen Aufbauten, halb Schiff, halb Verlies. Die Schlümpfe, jene kleinen blauen Gummifiguren mit den weißen phrygischen Mützen, brachten wir in einer Blechdose von zu Hause mit. Wir hatten mindestens fünfundzwanzig verschiedene Schlümpfe, jeder von ihnen hatte einen anderen Beruf und eine eigene Persönlichkeit.

Leider hielten die Schlumpfburgen nicht lange, der Sand wurde trocken, alles zerfiel und rieselte weg. Beklommen harkten wir am Ende des Tages mit gespreizten Fingern durch den Sand, um die verschütteten Schlumpffiguren zu bergen. Nicht alle schafften es, einer tauchte Tage später an einer ganz anderen Stelle aus dem Sand wieder auf, und man sah ihm sein Abenteuer auch ein wenig an.

Oben im Schlossturm oder Ausguck, je nachdem, ob es gerade eine Burg oder ein Schiff war, befestigten wir den Juristenschlumpf, das war der mit der roten Bundesverfassungsrichterrobe und den dicken Brillengläsern, hinter denen er uns mit schreckgeweiteten Augen ansah. Sein ausgestreckter Arm zeigte auf etwas in der Ferne, und sein Mund war zum Schrei geöffnet. Wir fesselten ihn an einen Holzstab und ließen ihn die drohenden Gefahren voraussehen und ankündigen. Das brachte die Handlung unseres Spiels voran, denn sobald wir ihm wieder eine neue Horrormeldung in den aufgerissenen Mund gelegt hatten, musste eben gehandelt werden.

Mein Bruder wurde später Jurist – ob trotz oder wegen des Juristenschlumpfs, vermag er nicht mit Sicherheit zu sagen. Aber nach Spiekeroog ist er nie mehr gefahren. Wenn ich ihn danach frage, sagt er immer, eigentlich müsste er mal wieder hin. Doch sobald ich ihm nahelege, möglichst ein Dreivierteljahr vorher zu buchen und am besten auch die Fähre und vor allem den Strandkorb vorzubestellen, hat er schon keine Lust mehr, und seine Stimme klingt, vielleicht bilde ich es mir auch nur ein, ein wenig gereizt.

Strandkorb

Der Strandkorb ist nämlich ein Wunderding.
Ich habe nie verstanden, dass es tatsächlich Menschen gibt, die Strandkörbe spießig finden. Manche glauben, dass der Strandkorb sie zu fest an einen Ort bindet, dass es schöner ist, mal im Westen bei den Kitesurfern, mal am Damenpad zu liegen, heut am Hundestrand und morgen bei den fünf oder sechs versprengten Nackten im Osten. Vielleicht stimmt das ja, nur habe ich es, ehrlich gesagt, nie ausprobiert.

Denn ich mag Strandkörbe, vor allem, wenn sie tatsächlich an einem Strand stehen. Der Strandkorb ist mein Freund, mein Schutz vor Wind, Kälte, Sonne, Regen, Möwen, Sand, Blicken, Gesprächen. In ihm kann ich schlafen, lesen, so tun, als ob ich schreibe, so tun, als ob ich lese oder schlafe. Es gibt ein Tischchen, auf das ich einen Becher stellen kann, einen Raum, in dem ich über Nacht die Skimboards, Sonnencremes, Kescher, Beachballschläger, Bocciakugeln und aufblasbaren Stranddinge lagere. Ich kann kränkelnde, traurige, frierende, müde, lesende Kinder darin aufbewahren, ebenso wie Handtücher, Badehosen, Taschen, Muscheln, Wasserflaschen. Tagsüber kann ich in Ruhe mit einer Freundin quatschen, nachts darin Partys feiern, Wein trinken, Feuer machen, rumknutschen. Ich kann hinter dem Strandkorb im Schatten liegen und mithilfe des Holzgitters ein

Handtuchhaus bauen. Ich kann vor dem Strandkorb im Wind liegen und drinnen alles vollmüllen. Ich kann mithilfe von beschichteten Tchibo-Picknickdecken und Regencapes einen Eins-a-Regenunterstand bauen. Ich kann darin singen, mich umziehen und lange Muschelketten knüpfen.

Mein Vater klagt allerdings jedes Jahr, dass die »neuen« Strandkörbe schon seit dreißig Jahren keine Innenhaken mehr haben, an die man seine Taschen und Kleider hängen kann. Ich habe ihm versprochen, diese bedauerliche Entwicklung in meinem Buch zu erwähnen. Auch die Außenwäscheleine für die nassen Handtücher muss man sich am Strand selber suchen und hinten an der Haube befestigen. Dafür gibt es an den Seiten wunderbare Metallgriffe, an denen die nassen Badesachen fest und sicher flattern, bis sie trocken sind. Man kann außen Möwenfedern hineinstecken, die im Wind surren.

Es gibt Badegäste, die fast nie in ihrem Strandkorb sitzen, sondern die meiste Zeit damit beschäftigt sind, ihn perfekt zu stellen. Denn wenn es nicht gerade ganz heiß ist, versucht man, den Korb nach der maximalen Sonneneinstrahlung bei geringstmöglichem Windeinfall auszurichten. Das gelingt nur selten. Meistens entscheidet man sich für eins von beidem, Sonne oder Windstille. Nimmt man die Sonne, muss das schwere Möbel alle paar Stunden ein bisschen weitergedreht werden. Das macht man, indem man den Korb am Griff ein wenig kippt, die Schulter eng an seine Seitenwand drückt und ihn dann mit Schwung zu drehen versucht. Gegebenenfalls muss man auf der anderen Seite durch Ziehen oder Schieben noch etwas nachjustieren. Oder man fragt Harald Janssen, den Herrn der Strandkörbe, ob er einem hilft. Ich möchte von ihm wissen, wie viel so ein Strandkorb überhaupt wiegt. »Kommt drauf an«, sagt er gedehnt. Ich lerne, dass ein neuer Strandkorb ungefähr sechzig

Kilo wiegt, aber im Herbst, wenn die Körbe in der Halle eingelagert werden, sind sie zwischen achtzig und hundert Kilo schwer. Bis zu vierzig Kilo Sand kann also durch die Ritzen im Geflecht eindringen und sich zwischen Innenwänden und Außenwand festsetzen. Jeder Korb muss vor dem Winter einzeln mit dem Hochdruckreiniger entsandet werden. (Demnach haben die Bayern immer die schwersten Strandkörbe, weil sie am spätesten Ferien bekommen.) Ich stelle mir vor, dass allein auf diese Weise jedes Jahr eine neue Düne entsteht. Ein riesiger Berg aus Strandkorbsand, versetzt mit Sonnenmilch und Brötchenkrümeln, mit Münzen, Buchseiten, Ohrringen und Bikinioberteilverschlüssen.

Abends stehen bei schönem Wetter fast alle Strandkörbe mit der offenen Seite gen Westen, wie ein Feld von Sonnenblumen. Manche Strandkorbbewohner tragen ihren Strandkorb schwitzend vom Weg aus in die vorderste Reihe und erfreuen sich trotz starker Rückenschmerzen am unverstellten Blick aufs Meer. Andere streben danach, Kolonien zu bilden, und rotten sich mit befreundeten oder verwandten Strandkorbbewohnern zusammen. Dort wird es auch mal lauter, einer macht Musik an, vielleicht steht sogar ein Kasten Bier auf einem der Bollerwagen. Das wird von anderen Strandkorbbewohnern mit eisiger Missbilligung zur Kenntnis genommen. Sobald sich ein solches Cluster gebildet hat, gibt es sofort wieder Abstoßreaktionen, und man kann Strandkörbe beobachten, die sich aus dem Spannungsfeld des Clusters wegbewegen, obwohl sie eigentlich schon den perfekten Platz gefunden hatten. So ist alles immer ein wenig in Bewegung und bleibt doch, von Weitem betrachtet, immer gleich.

Denke ich an die Strandkörbe meiner Kindheit zurück, bin ich allerdings erleichtert, dass wir von einem Jahr aufs andere aufhörten, diese exakt ausgemessenen, mit rechten Winkeln versehenen Sandburgen um den Strandkorb herumzubauen. Wie wir meinen Vater dazu gebracht haben, es zu lassen, weiß ich nicht. Vielleicht hatte er keine Lust mehr, sich jeden Tag am Strandkorbhäuschen die große Schaufel auszuleihen.

Mein Vater, der das Bauen, Abmessen, Spachteln und den rechten Winkel wirklich liebt, versah unsere Prachtburg sogar mit Treppenstufen im Eingang und einer kleinen Einbaubank, unserer persönlichen Sandbank. Hingebungsvoll verzierten mein Bruder und ich die hart geklopften Außenwände mit Muschelfriesen.

Als wir klein waren, baute mein Vater den ganzen Tag mit uns Burgen, Staudämme, Wasserfestungen, Ziehbrücken, Kanäle, die er jeden Tag bei Ebbe am Flutsaum errichtete und jeden Tag aufs Neue dem Meer zurückgeben musste. Als wir größer wurden, baute er sie einfach ohne uns weiter. Und auch wenn keiner von uns je Lust hatte, Gießkannen mit Wasser für die Burg herbeizuschleppen, auch wenn wir die aus Sand gebaute Treppenstufe nur seitlich, also mit dem ganzen Fuß, betreten durften, weil unser Vater ärgerlich wurde, wenn etwas »kaputtging«, so bewunderten wir doch seinen schier grenzenlosen Optimismus angesichts der nie enden wollenden Zerstörungskraft von Sonne, Wind, Meer und Familienangehörigen beim Über-die-Mauern-Rein-und-Rausspringen, beim unsachgemäßen Betreten der Treppenstufe und beim Eindrücken der Wände durch böswilliges Daraufsetzen.

Ich räume ein, Strandkörbe sind vielleicht schon ein bisschen spießig. Aber Spiekeroog-Reisende haben schon immer mit ihrem Spießeroog-Image gekämpft, vielleicht müssen wir einfach beherzter dazu stehen? Ich jedenfalls stehe ganz und gar zum

Strandkorb, in dem ich mit besonderer Genugtuung sitze, wenn ich ihn mir vorab im Internet gebucht und dabei genau überlegt habe, auf der Höhe welcher der durchnummerierten Mülltonnen ich gerne säße … Mit meinem Strandkorb-Enthusiasmus befinde ich mich in guter Gesellschaft. Ein anderer Spießer mit Strandkorb schrieb einst:

> Mein Arbeitsplatz, der herrlichste, den ich kenne, liegt einsam. Aber wäre er auch belebter, das isolierende Getöse der Brandung, die schützenden Seitenwände des Strandkorbes, dieses von jung auf vertrauten und eigentümlich bergenden Sitzgehäuses, würden keine Störung aufkommen lassen. Geliebte, unvergleichlich befriedigende und angemessene Situation, welche mein Leben gesetzmäßig immer wieder herbeiführt! (…) Einen passenderen Platz gibt es nicht für mein Vorhaben. (…) Situationsmäßig verwirklicht sich mir eine alte, fast möchte ich sagen: eingeborene Ideenverbindung, – die seelische Einheit zweier Elementarerlebnisse, von denen eines des anderen Gleichnis ist: des Meeres und der Epik.

Man kann über Thomas Mann sagen, was man will, aber wo er recht hat, hat er recht. Allerdings dauert es immer eine gewisse Zeit, bis diese geliebte, unvergleichlich befriedigende und angemessene Situation auch wirklich hergestellt ist. Ohne das geduldige Entgegenkommen von Harald Janssen, dem Mann im Strandkorbwagen, könnte ich diese seelische Einheit von Elementarerlebnissen nur schwer erreichen. Wenn ich den perfekten Strandkorb schließlich gefunden habe, dann ist es in der Tat unvergleichlich angemessen. Ja, ich möchte behaupten, der Strandkorb ist ein utopischer Raum, nein, mehr noch, eine Heterotopie!

Der französische Philosoph Michel Foucault hat sich diesen Begriff ausgedacht. Als Heterotopie bezeichnet er »Orte, wirkliche Orte, wirksame Orte, die in die Einrichtung der Gesellschaft hinein gezeichnet sind, sozusagen Gegenplatzierungen oder Widerlager, tatsächlich realisierte Utopien«. Und auch wenn Foucault den Strandkorb in diesem wunderbaren Aufsatz nicht explizit als Beispiel für eine Heterotopie auflistet, so fällt ein Strandkorb, der noch dazu auf einer Insel steht, ganz klar unter »realisierte Utopien«.

Um die geradezu metaphysische Kraft dieses, laut Thomas Mann, »eigentümlich bergenden Sitzgehäuses« zu veranschaulichen, muss ich erzählen, wie einst mein gebrochenes Herz in einem Strandkorb heilte, oder zumindest zu heilen begann.

In meiner Verzweiflung war ich mit meiner Mutter nach Norddeutschland ins Haus meiner Großmutter gefahren, die aber damals schon ein Jahr tot war. Ich war neunzehn, es waren meine zweiten Semesterferien, und es war mein erster und vielleicht auch gewaltigster Herzbruch. Während meine Mutter im Garten arbeitete, saß oder lag ich in einem der kühlen Zimmer des großen Hauses und fühlte, wie die Scherben meines zersprungenen Herzens langsam und qualvoll von innen durch meine Eingeweide nach außen schnitten. Gerade als sie durch meine Haut zu brechen drohten, sagte meine Mutter im Vorbeigehen: »Fahr doch nach Spiekeroog.« Sie wollte nichts über mein langsames Verbluten wissen, aber sie wollte mir doch helfen. Dankbar für die Aussicht auf eine Veränderung meiner Lage und rastlos in dem alten Haus, in dem meine Mutter ihre Mutter vermisste, warf ich ein paar Sachen in einen Koffer und reiste mit Bahn und Bus bis zum Fähranleger in Neuharlingersiel. Schon auf dem Schiff merkte ich, dass ich freier atmen konn-

te. Ich nahm mir ein winziges Zimmer, und als ich von der Telefonzelle aus bei meiner Mutter anrief, um zu sagen, dass ich
angekommen sei, sagte sie: »Miete dir doch einen Strandkorb.«
Diesen unerhörten Plan führte ich sofort aus. Fast musste ich
dabei kichern: So etwas durch und durch Erwachsenes hatte ich
noch nie getan. Strandkorbmieten war Elternsache. Der Strandkorb war bis dahin ein Möbelstück gewesen, in das man sich zu
viert reinquetschte, bis irgendjemand wütend aufgab und wegg-
ging. Doch jetzt war es anders. Der Strandkorb wurde in dieser
Woche zum Ort der Linderung, ein tragbares Sanatorium, ein
Zauberberg! Zum ersten Mal war ich ganz allein auf der Insel,
zum ersten Mal konnte ich mich quer in den Strandkorb setzen,
zum ersten Mal musste ich zu keiner Zeit irgendwo sein, musste
mich mit niemandem unterhalten, musste kein Gesicht machen,
keine Miene zu keinem Spiel, für niemanden. Ich lief am Strand
entlang, schwamm, aß, las und fühlte mich frei und sicher zugleich, was sich ja im wahren Leben bekanntlich ausschließt.

Es war eine der besten Wochen meines Lebens, und wenn
ich nicht so unglücklich gewesen wäre, wäre ich bestimmt sehr
glücklich gewesen.

Vielleicht sollte ich an dieser Stelle nicht unerwähnt lassen, dass
ich in einem Strandkorb auch schon sehr gut geküsst worden
bin. Leider blieb es bei einer durchküssten Nacht, weil ich gerade begann, mich in einen anderen Mann zu verlieben, nämlich in eben jenen, der mir das Herz so gründlich brechen sollte, dass sich dieses im darauffolgenden Sommer nur in einem
Strandkorb wieder erholen konnte. Vielleicht war es ja genau
der Strandkorb gewesen, in dem ich küssend das Herz des anderen brach, und alles folgte einer höheren Gerechtigkeit aus
Schuld und Sühne? Für eine solche spräche auch, dass der Her-

zensbrecher später ausgerechnet Kardiologe wurde. Doch obgleich er nun sein Leben der Heilung von Herzen gewidmet hat, würde ich ihm das meine wahrscheinlich nicht mehr anvertrauen.

Wenn für meine Mutter die Voraussetzung für Spiekeroog im Schwimmen bestand, so war es für meinen Vater das Zahlenlesen. Jeder Strandkorb hatte eine Nummer, und wenn wir die wussten, würden wir nicht verloren gehen. Das leuchtete allen ein.

Die Voraussetzung für eine Spiekeroog-Reise hatte für meine Großmutter im Ende des Krieges bestanden. Da konnten alle vier Kinder auch schon schwimmen. Sie besuchten ihr früheres »Mädchen« Emma, das irgendwann wieder zurück nach Spiekeroog gezogen war. Meine Mutter und ihre Geschwister hingen sehr an Emmi, wie sie sie nannten, denn sie war fröhlich und liebevoll. Emma Damms Haus steht immer noch im östlichen Teil der Insel. Meine Mutter fand es immer komisch, dass das Haus inzwischen »*Tante* Emmas« Haus hieß. In ihrer Erinnerung blieb Emmi eine ganz junge Frau, die gern mit Kindern spielte, über deren Plattdeutsch sie immer lachen musste, weil es so anders war als das Plattdeutsch, das sie selbst sprach, und die so gar nichts Tantenhaftes an sich hatte.

Doch meine Großmutter muss davor auch schon mindestens einmal auf der Insel gewesen sein. Das erfuhr ich in einem der vielen Sommer, als wir noch in unserer Pension wohnten, die auf die Richelwiesen hinausschaute.

Nachdem 1981 der Hafen gebaut worden war, konnte mein Vater nur noch mit Mühe vom Balkon des Elternschlafzimmers weggelockt werden. Er beobachtete die Fähren, und man spürte, wie sehr er sich danach sehnte, das Be- und Entladen der Container unter bewegungsrationalistischen Aspekten auf Vordermann zu bringen. Das wuselige Aufschließen, Einräumen, Containerzahlenmerken, Im-Weg-Stehen, Containersuchen, Gepäckrauszerren schrie geradezu nach einer strategischen Grundoptimierung. Im Laufe der nunmehr bald dreißig Jahre Ankunft und Abfahrt hat mein Vater zwar noch nicht ganz resigniert, teilt aber seine Kraft inzwischen etwas anders ein.

Meine Mutter hingegen rannte, mit und ohne Hafen, gern draußen auf dem Deich hin und her. Manchmal schnackte sie mit dem freundlichen Herrn aus dem Haus nebenan, den wir immer für einen alten Kapitän hielten, obwohl er anscheinend nie einer gewesen war. Ich glaube nicht, dass sie sich auf Platt unterhielten, was meine Mutter selten außerhalb ihrer Familie sprach, dafür war sie zu schüchtern. Denn womöglich hätte sie erklären müssen, woher sie kam und wer sie war, und sie redete nicht gern über sich. Dieser Nachbar schien jedoch mehr aus ihr herauszubekommen als andere Leute, denn er stellte bald fest, dass meine Mutter die Tochter von Grete Harrje war. Und dann erzählte er ihr eine wilde Geschichte von Grete und deren Schwester Tilly, mit denen er einst am Strand herumgealbert habe. Angeblich sei er dabei heimlich auf das Dach des Strandkorbs geklettert, in dem meine Großmutter und meine Großtante gesessen hätten, und alles musste sehr laut und lustig zugegangen sein.

Ich starrte den kleinen, gekrümmten Kapitän an, der keiner war, und versuchte, mir Oma und Tante Tilly vorzustellen, kreischend unten im Strandkorb mit ihm obendrauf, doch es gelang mir nicht. Überhaupt fand ich die ganze Geschichte irgendwie empörend. Was hatte dieser fremde alte Mann überhaupt auf dem Strandkorb meiner Oma zu suchen? Ich verstand meine Mutter nicht, die ihm geradezu dankbar zu sein schien für diese

Erinnerung, von der sie selbst offenbar, und, wie ich fand, aus gutem Grund, nichts gewusst hatte. Als sie ihre Mutter und ihre Tante später einmal nach jener Sommereskapade fragte, kicherten die beiden und wurden ganz rosig. Die Geschichte schien offenbar zu stimmen. Ich konnte nicht fassen, dass sie alle, Grete, Tilly und der Mann, den wir für einen Kapitän hielten, einmal wirklich jung gewesen sein mussten. Also nicht nur jung und süß wie auf den bräunlichen Kinderporträts – sich das vorzustellen, ging leicht. Nein, viel befremdlicher war es, dass sie kreischende Teenager gewesen sein sollten. Mit Jungs!

Strandsport

Mein Bruder und ich wachten früh auf, weil es in den Zimmern keine Rollläden gab wie zu Hause, sondern nur Vorhänge, und es daher gleißend hell war. Und weil die Möwen schrien, die Tauben gurrten, weil unsere Eltern rumorten, weil Tini Sieberns in der Küche mit Geschirr klapperte, weil es nach Kaffee roch, nach Brötchen, nach Spiegeleiern, weil die Kaffeemaschine laute Schlürfgeräusche machte und weil die Türen der Pension im Windzug knallten.

Nachts fielen wir todmüde ins Bett und schliefen sofort ein, weil es stockdunkel war, weil es außer Fröschequaken und ein paar vereinzelten Wasservogelrufen kaum Geräusche gab, weil wir keinen Fernseher hatten, weil wir tagsüber schon lange gelesen hatten und es deshalb abends nicht auch noch machen mussten, und nicht zuletzt, weil wir den ganzen Tag draußen gewesen waren. Doch vor allem hatten wir das getan, was in den Augen meiner Mutter den Aufenthalt an der frischen Luft noch übertraf: Wir hatten uns an der frischen Luft bewegt.

Ständig befanden wir uns in irgendeiner extremen körperlichen Verfassung. Wir waren hellwach und todmüde, wir waren durchgefroren, schweißgebadet, ausgehungert nach dem Baden oder vollgegessen nach einem Restaurantbesuch. Wir waren windzerzaust und außer Atem. Wir warfen uns lustvoll ins Meer, wurden von der Brandung umgerissen, schluckten Salzwasser, mussten würgen. Die Strömung zog uns die Füße weg, die Gischt brannte in den Augen. Quallen schwabbelten bedrohlich auf uns zu, und beim Anrollen einer wirklich hohen Welle muss ich bis zum heutigen Tag in einem Gefühl der Angstlust, das Freud zu Recht als »ozeanisch« bezeichnet, laut kreischen. Bei ruhiger See kniffen uns die Wasserflöhe in die Beine oder in den Hals, Salzkristalle zogen an den Härchen auf der Haut. Zu keinem Zeitpunkt konnten wir vergessen, dass wir Körper hatten. Sogar beim Lesen drohte Blendung, Verbrennung oder Sand im Auge. Doch wenn sich der Körper wirklich in Ruhe befand, wenn er satt, warm, hydriert, trocken und geschützt war, dann fühlte sich die Ruhe fast ebenso ozeanisch an wie der Aufruhr zuvor.

Meine Mutter war wie geschaffen für diese Insel. Ihre innere Unruhe, die sie zwar verspürte, aber selten in Worte fasste, fand hier ein Ventil zur Entäußerung wie zur Entspannung. Sie war so fröhlich und redselig wie sonst nirgendwo. Sie fand es schön, Norddeutsch zu hören, etwas, das sie im Badischen, wo wir wohnten, selten vernahm, sie s-prach alle S-Ts und S-Ps im Anlaut mit s-timmhaftem »S«, und keiner fand es drollig. Sie rannte zwar auch hier viel alleine umher (sie joggte, lange bevor es das Wort gab; ihr ganzes Leben über sagte sie aber »Waldlauf« dazu), doch das taten in den Ferien ja viele Leute. Die sechs Wochen im Sommer, von denen wir drei im Haus ihrer Eltern und drei auf Spiekeroog verbrachten, mussten das Heimweh eines ganzen Jahres auffangen.

Mein Vater versuchte, sie so oft wie möglich beim Rennen zu begleiten, aber er war ihrem Bewegungsdrang letztlich nicht gewachsen. Doch wer war das schon? Sie hatte Sport studiert, war damals Uni-Vizemeisterin auf der Mittelstrecke und eine sehr gute Leichtathletin gewesen. Zu Hause gab sie Turnunterricht für Kinder, später Rückengymnastik für Damen. Nach ihrem Tod fuhr mein Vater immer noch mit nach Spiekeroog, dann las er die Zeitung, und zwar von vorne bis hinten, löste Kreuzworträtsel und Sudokus, schlief im Strandkorb, picknickte auch dort, kaufte sich täglich ein Eis, wobei er sich jedes Mal über die teuren Butterzimtwaffeln empörte, sie aber trotzdem sehr gern aß. Der Weg zum Strand und zurück und ein täglicher Strandspaziergang reichten ihm meistens. Doch als meine Mutter noch lebte, musste mein Vater schon morgens ein ganzes Glas Salzwasser von »Biomaris« trinken, eigentlich ein Hautcreme-Label, das auf die reinigende Kraft von »Meerestiefwasser« schwört. Meine Mutter war der redseligen Biomaris-Dame auf den Leim gegangen, und so trank mein Vater schicksalsergeben jeden Tag ein Glas Salzwasser auf ex. Mein Bruder sagte, dass alle Brechmittel letztlich reinigend wirkten, aber deshalb müsse man sie ja noch lange nicht nehmen. Aber auch er und ich mussten das Zeug trinken, wenngleich halb und halb gemischt mit verunreinigender Orangenlimonade.

Um zehn Uhr waren unsere Eltern bei der Strandgymnastik; manchmal machte ich nur mit, damit meine Mutter mir nicht hinterher berichtete, dass sie ausgerechnet heute genau meine Problemzonen bearbeitet hätten. Meine Mutter hatte solche Zonen natürlich nicht. Es gab jedes zweite oder dritte Jahr eine andere Trainerin oder einen anderen Trainer, meistens junge Leute, die Sport studierten. Am tollsten fand mein Vater eine Sportstudentin, die Liane hieß. Noch Jahrzehnte später ahmte er verzückt ihren Bremer Dialekt nach, in welchem sie die Turnenden aufforderte, »un nu die annere Seite« zu bearbeiten.

Trotzdem ging er letztlich nur meiner Mutter zuliebe mit, die gern alle möglichen Sportkurse ausprobierte und sich Übungen, die sie besonders wirkungsvoll fand, hinterher im Strandkorb notierte. Natürlich erkannten die Trainer schnell, dass sie Profi war, und die netteren von ihnen kamen gerne nach der Stunde zu ihr, und sie zeigten sich gegenseitig Variationen bestimmter Figuren. Doch manche, die Unsicheren, fühlten sich in ihrer Autorität bedroht und wurden bisweilen schnippisch. Da meine Mutter nie auf die Idee gekommen wäre, die Lehrer zu prüfen, sondern sich einfach sehr gerne »Bewegung an der frischen Luft« verschaffte und wirkliches Interesse an den Übungen hatte, merkte sie meist gar nicht, wenn die Trainer nervös wurden. Eine junge Frau giftete sie regelrecht an, als sich meine Mutter nach der Stunde noch mal über einen Bewegungsablauf, den sie selbst etwas anders kannte, austauschen wollte. Meine Mutter war zutiefst erschrocken und ging zwei Tage nicht zur Strandgymnastik. Doch am dritten Tag hielt sie es nicht mehr aus und machte wieder mit. Hinterher rannte sie aber sofort zurück zum Strandkorb und in Sicherheit.

Ebenfalls meiner Mutter zuliebe ging mein Vater auch zum Training für das »Goldene Sportabzeichen«, das sie am Ende des Urlaubs ablegten, belohnt mit Urkunden und Ansteckadeln, die sie nie trugen. Natürlich lief meine Mutter allen davon, auch den Männern, auch den meisten jüngeren Männern. Wenn es mal welche gab, die schneller waren als sie, war sie fast froh, weil sie dann nicht so im Mittelpunkt stand. Mein Vater, mein Bruder und ich waren aber nicht froh darüber. Wir waren zwar langsamer, dafür aber viel ehrgeiziger als sie.

Natürlich rannte sie auch meinem Vater weg, was ihn einerseits mit Stolz erfüllte, andererseits auch kränkte. Wenn die

Trainingswoche vorbei war und die richtigen Messungen für das Sportabzeichen begannen, zog meine Mutter verlegen ihre zwanzig Jahre alten Nagelschuhe aus dem Koffer. Sie waren aus Leder, schmal und schwindelerregend leicht. Die Spikes waren dick in Zeitungspapier eingewickelt, damit die scharfen Metalldornen nicht die Kleider im Koffer zerrissen. Sie schämte sich ein wenig dafür, dass sie die Schuhe eingepackt hatte, denn sie verrieten einen Vorsatz. Doch mit dicken Turnschuhen auf Zeit zu rennen, fand sie unsportlich und albern. Warum nicht gleich sackhüpfen?

Die Ergebnisse beim Sportabzeichen waren auf Spiekeroog immer grandios: Grundsätzlich wurde nur mit Rückenwind gesprintet, das Hallenbad war gefüllt mit Auftrieb verheißendem Salzwasser, und der Anlauf zur Weitsprungkuhle ging leicht bergab!

An der sogenannten Sportbude konnte sich meine Mutter alles ausleihen, worauf sie Lust hatte: Schlagbälle, Keulen, Volleybälle, Federballschläger, Beachballschläger, Indiaca, Boccia, Reifen, Seile, Taue und Kugelstoßkugeln. Natürlich hatten wir das meiste davon sowieso dabei, aber im Gegensatz zu den Spikes nahm meine Mutter ihre Kugelstoßkugeln nie mit in die Ferien. Also liehen wir uns Kugeln aus, sie nahm die Vier-Kilo-Damenkugel, ich bekam die Drei-Kilo-Kugel für Mädchen. Dann gingen wir hinunter an den Strand, und sie brachte mir die komplexe Schwungholtechnik des Kugelstoßens bei. Erst streckte man den rechten Arm mit der Kugel gerade in die Luft und ließ die Schulter dabei unten, sodass sich die Kugel schön in die Rillen zwischen Handteller und Fingern nisten konnte. Dann knickte man den Arm ein und legte die Hand mit der Kugel seitlich unters Kinn an den Hals, damit die Kugel beim Schwungholen nicht aus der Hand rollte. Gewichtsverlagerung auf das Standbein, der linke Arm geht ausgestreckt über den Kopf, der Rumpf beugt sich tief, das Sprungbein berührt nur mit der Spitze den Sand. Dann tief, hoch, einen Schleifschritt und den Körper hochschnellen lassen, dabei erst auf das Sprungbein und dann wieder zurück auf das Standbein springen. Die Kugel wegschleudern musste man dabei auch noch.

Das Kugelstoßen war meine Rettung, denn von da an musste ich keinen Schlagballweitwurf mehr üben. Dass ich mein Leben lang auch den Schlagball immer nur gestoßen hatte, kam mir beim Kugelstoßen sehr zugute, und meine Mutter war entzückt. Manchmal, wenn sie ihren Waldlauf über den Deich in Richtung Hermann-Lietz-Schule schon hinter sich hatte, ging sie auch am Strand spazieren. Dazu nahm sie sich eine Kugel, stieß sie aus dem Stand in die Laufrichtung, ging zum Einschlagkrater, hob die Kugel auf, stieß, ging, hob sie auf, stieß, ging, hob sie auf, stieß, ging …

Wir fanden das normal, überdies traf man viele seltsame Leute auf der Insel. Es bedurfte schließlich einer Art Grundverschrobenheit, die einen dazu bewog, alle seine Sommer in einem sehr kleinen Ort zu verbringen, wo es kein Nachtleben gab, keine Fernseher auf den Zimmern, und an dem man so viel fror.

Um nicht zu frieren, spielen die Menschen auf Spiekeroog Volleyball und Schlagball. Schlagball wird Schlachball ausgesprochen, wobei auch der erste Vokal kurz ist, wie bei Schlachter, und damit hat es auch zu tun. Gerade bei den Herren scheint der Sinn des Spiels weniger im gewonnenen Punkt als in der Erzeugung besonders farbintensiver Hämatome zu liegen. Ich habe noch nie jenseits von Spiekeroog jemanden Schlagball spielen sehen, außer einmal auf Langeoog beim Wettkampf, der jedes

Jahr zwischen den beiden Inseln ausgetragen wird. Die Regeln des Schlagballs sind nicht schwierig, aber es gibt viele, und es ist sehr ermüdend, wenn man sie erklären möchte oder erklärt bekommt. Das Spiel, eine Mischung aus Baseball und Brennball, ist aber keineswegs ermüdend. Man muss rasch denken, schnell rennen, gut fangen, sicher zielen, geschickt ausweichen und eben auch noch schlagen, allerdings mit einem dünnen Stock, der zwar Keule heißt, aber das ist eine maßlose Übertreibung.

Ich glaube nicht, dass ich je ernsthaft mitgespielt habe. Das waren andere Mädchen, die da mitmachten, solche, die einen Ball tatsächlich warfen und nicht nur stießen. Mädchen, die es nicht persönlich nahmen, wenn ihnen einer mit der Trillerpfeife ins Ohr blies, und die nicht gleich anfingen zu heulen, wenn jemand ihnen einen Achtzig-Gramm-Lederball aus anderthalb Metern Entfernung mit voller Kraft an den Busen schoss.

Ich hing stattdessen auf den kleinen Spielplätzen rum. Das Hängen ist ganz wörtlich gemeint. Diese Spielplätze waren am Strand, gleich unterhalb der Randdünen, und bestanden vor allem aus blauen Metall-Reckstangen. Jahrelang turnte ich mit anderen Mädchen an den blauen Recks, wobei ich viele wundersame Übungen lernte, die Namen hatten wie »Todessprung« oder »Steifes Brett« oder »Schiffschaukel«, die ich bei den Reckturnern im Fernsehen leider nie wiederentdeckt habe.

Ich lernte auch viel über Schwer- und Fliehkräfte, über Körper im freien Fall und über den menschlichen Körper im Allgemeinen. So erklärte uns eines der Mädchen, während wir alle an den blauen Recks hingen, saßen, drehten oder schaukelten, woher die Babys kommen. Obwohl sie nicht älter war als ich, wusste sie viel besser Bescheid. Mir war klar, dass ich mir meine Überraschung keinesfalls anmerken lassen durfte. Ich verspürte einen großen Zorn auf meine Eltern: zum einen natürlich, weil sie so was offensichtlich auch getan hatten, und zum anderen, weil sie geglaubt hatten, wenn man Sexualkundebücher mit Querschnitten von beschrifteten Penissen und Vaginas im Kinderzimmer platzierte, würde das schon reichen. Die anderen Mädchen auf den Reckstangen schienen weitaus weniger erstaunt über das, was das Mädchen in der blauen Frotteehose mit einer gewissen Verachtung, aber eigentlich ziemlich gut erklärte. Ihre Verachtung galt weniger uns als den Erwachsenen. Trotz meines Zorns und meiner Bemühung, mir nichts anmerken zu lassen, war ich ganz froh: Wenn man es schon erfahren musste, dann war es unter Mädchen und an der frischen Luft gewiss am besten.

Mit zwei Mädchen vom Reck, beide älter als ich, begann ich eine Brieffreundschaft. Die eine endete durch meine Trägheit, die andere, weil ich die Schrift meiner Brieffreundin nicht lesen konnte. Ich begann, ihre langen Briefe zu fürchten, die ich, wenn ich wirklich wissen wollte, was darin stand, mir von meiner Mutter vorlesen lassen musste. Diese Freundschaft war dem Untergang geweiht. Irgendwann wechselte ich vom Reck zum Volleyballfeld, das war eine Art *rite de passage*: Wer Volleyball spielte, war kein Kind mehr. Im Gegensatz zum Reck gab es beim Volleyball auch Jungs, richtige Jungs, nicht nur kleine Brüder. Die Volleyball-Jugend lagerte an den Netzen, die am Strand aufgespannt waren. Man plauderte und scherzte und picknickte und kicherte und lernte sich kennen und verliebte sich. Natürlich wäre ich alleine niemals dort hingegangen, aber mein Bruder kam plötzlich nicht mehr mit auf die Insel, und ich war auf mich gestellt. Beim Dünensingen hatte ich ein sehr nettes Mädchen kennengelernt, das eine schöne Stimme hatte und sich außerdem noch mit mir unterhalten wollte. Es stellte sich heraus, dass sie, genau wie ich, auch jedes Jahr mit ihren Eltern und ihrem Bruder auf die Insel kam.

Ich kannte sie vom Sehen, und sie sagte, sie kenne mich auch vom Sehen. Das war etwas Neues. Es ist mir mein Leben lang so vorgekommen, als sei immer nur ich diejenige, die alle vom Sehen kannte, nie umgekehrt. Gern wäre ich auch eine von denen gewesen, die sagen: »Hmm, echt? Wir haben uns schon mal gesehen? Wirklich? Aber wo? Nein, ich kann mich nicht erinnern.« Immer bin ich es, die noch genau weiß, wer vor ihr in der Bäckerschlange oder neben ihr bei der Gymnastik gestanden hat, die sich erinnert, wer beim Singen auf welcher Düne sitzt, und eben auch, wer jedes Jahr auf der Insel ist. Wenn ich sage: »Doch, doch, wir haben schon mal kurz geredet, und zwar da und da und dann und dann, und ich weiß auch noch, worüber und wie du heißt«, dann ist das im besten Falle mitleiderregend und im schlimmsten übergriffig, so als würde ich die Leute stalken oder hechelnd an ihnen hochspringen und ihnen mit der Zunge übers Gesicht lecken. Es ist erniedrigend. Und ungerecht. Schließlich habe ich ja nicht behauptet, dass unser Zusammentreffen das einschneidendste Erlebnis meines bisherigen Lebens gewesen wäre. Ich habe lediglich das Pech, mich noch daran zu erinnern. In den letzten Jahren ist in mir allerdings der Verdacht aufgekeimt, dass viele Leute vielleicht nur so tun, als würden sie sich nicht an einen erinnern, weil ihnen das anscheinend ein Gefühl von Überlegenheit beschert. Und wer wäre dann bemitleidenswerter?

Jedenfalls war es bei diesem Mädchen, das Ingrid hieß, anders, und wir waren uns gleich vertraut. Aus Baden-Württemberg kommend, hatte ich immer nur im August und September schulfrei gehabt, aber irgendwann machte auch unser Bundesland bei der Ferienrotation mit, und plötzlich waren wir im Juli da, und es war viel mehr los. Ingrid war nur ein, zwei Jahre älter als ich, doch wie es schien, kannte sie alle Jugendlichen auf der Insel. Das war ein Glück, denn sie schleppte mich sofort überall mit hin, stellte mich allen vor, überredete mich, bei allem mitzukommen und mitzumachen. Noch heute bin ich froh, dass sie so offen war und dass sie damals etwas in mir gesehen hat, das ich selbst nicht so richtig sehen konnte.

Von einem Sommer auf den nächsten änderte sich mein Inseldasein grundlegend. Plötzlich träumte ich nicht nur und las, ging allein durch die Gegend, schrieb Gedichte und lag ansonsten bei meinen Eltern neben dem Strandkorb. Plötzlich musste ich nicht mehr sehnsüchtig nach dem Trubel an den Volleyballnetzen schauen, zu schüchtern, um zu fragen, ob ich mitmachen dürfte. Als ich nach jenem Sommer nach Hause kam, trat ich sofort einem Volleyballverein bei, damit ich im nächsten Jahr öfter mitspielen konnte. Leider hatte ich ausgerechnet dann ein Gipsbein und machte dafür ganz neue Inselerfahrungen. Im Sommer drauf war ich von morgens bis abends nur am Netz. »Wieso haben wir dich hier noch nie gesehen?«, fragten sie, wenn mir mal ein Schmetterball oder ein Block glückte oder wenn ich einfach nur abends mit in den »Bahnhof« kam. Ich lächelte und verschwieg, dass ich sie meinerseits schon sehr oft gesehen hatte.

Ach, es waren große, rauschhafte Sommer, die da begannen.

IV. DAS DORF

Jeder darf machen, was er will

Auf Spiekeroog darf jeder machen, was er will. So lautete das Credo meiner Mutter, denn was sollte schon passieren? Das einzige Versprechen, das mein Bruder und ich geben mussten, war, beim Baden in der bewachten Zone zu bleiben. Nicht einmal zu Hause hatten wir einen so großen Spielraum: Auf Spiekeroog steht nur ein einziges kleines Dorf, dessen Straßenverläufe wir schnell durchschauten. Nichts Böses schien es hier zu geben. Und zur Not waren immer irgendwo Leute, die man um Hilfe bitten konnte. Die Türen der Häuser standen sogar nachts offen. Bedrohliche Hochhäuser, in denen sich, unserer dörflich geprägten Vorstellung nach, Mitschnacker und andere Schurken gern in verdächtiger Anonymität verschanzten, gab es auch nicht. Das einzige größere Gebäude war das Sporthotel, ein alter Kasten aus den Fünfzigerjahren, aber das kannte meine Mutter irgendwie noch aus dem Studium, was bedeutete, dass dort keine Gefahren lauern konnten. Außerdem wurde es in den Achtzigern sowieso von einem Brandstifter abgefackelt, aber da stand es schon leer. Ich weiß nicht, ob es derselbe Täter war, der auch die Sporthalle und die Lesehalle in Schutt und Asche gelegt hat, vielleicht weiß das außer dem Brandstifter überhaupt niemand. Inzwischen hat Spiekeroog jedenfalls drei große Feuerwehrautos – mit Verbrennungsmotoren.

Da für meine Mutter die größte Geißel der Menschheit im Straßenverkehr lag, war sie auf einer autofreien Insel die Ruhe selbst. Es gab hier nicht einmal rowdyhafte Radfahrer, zu denen sie streng genommen selbst zählte. Alle Kinder konnten allein einkaufen gehen, zumindest beim Bäcker – nicht im Lebensmittelladen, denn dort trieb eine Kinderhasserin ihr Unwesen, die uns beim Herausgeben betrog und wütend wurde, wenn man sie darauf aufmerksam machte. Sogar die Erwachsenen hatten Angst vor ihr.

Der Laden Nanu-Nana war eine wichtige Anlaufstelle für den jährlichen Kescherkauf. Wir fingen nie etwas, außer dann und wann eine traurige Garnele, die vom warmen Wasser im Priel schon ganz benommen war. Selbst wenn man sie wieder ins Wasser warf, schwamm sie nicht erleichtert weg, sondern dümpelte schwächlich auf der Stelle. Abends holten wir Seelachsfilets mit Kartoffelsalat vom Fischmann, der Klabautermann hieß und meinen Bruder an Gunter Gabriel erinnerte. Das war in den Augen meines Bruders etwas sehr Gutes.

Meine Mutter war ganz wild nach Seelachsfilet mit Kartoffelsalat, überhaupt nach Fisch, für den sie bei uns zu Hause erst weit in die Stadt fahren musste, und selbst dort gab es keine besonders große Auswahl. Als die Fast-Food-Kette »Nordsee« endlich eine Filiale in Karlsruhe aufmachte, wurde diese allein von meiner Mutter in den schwarzen Zahlen gehalten. Auf Spiekeroog gingen wir in die Dünenklause, zu Inselfriede und ab und zu auch in die Linde. Am liebsten gingen wir ins Café Erholung. Nicht nur wegen des Namens, sondern auch wegen des Mittagstischs: Milchreis und Erbsensuppe im Wechsel und nachmittags eine Scheibe S-piekerooger S-peck. Ich hatte so etwas Wundervolles noch nie zuvor gegessen, und zu Hause stellte ich gleich einen solchen Speck her. »Ah, Kalter Hund!«, sagten die Menschen und nickten freundlich, aber ohne angemessenes Staunen. Kalter Hund? Ich weigerte mich, diesen garstigen, ja unappetitlichen Namen in den Mund zu nehmen. Den Spiekerooger Speck »backte« (eigentlich war es ja eher ein Zusammenbauen oder vielmehr -kleben) ich so lange, bis Bahlsen seinen Leibniz-Keks mit Schokoladenüberzug herausbrachte, was aber noch viele Jahre dauern sollte.

Der für uns schönste Laden auf Spiekeroog war aber immer noch der von Swantje Willms. Es gab alles, was ich aus tiefstem Herzen begehrte: Muschelkästchen, Bernsteinanhänger und Seehunde aus Robbenfell, Islandpullover, dicke Wollknäuel aus Mohair, Baumwollkleider, Steifftiere, Bücher, Pflanzenführer, Postkarten und Filme. Nie wieder habe ich einen Laden betreten, der verheißungsvoller roch. Es war eine Mischung aus Wolle und schwerem Leinen, bedrucktem Papier und Seehundfell. Auf jeden Fall roch es nach Dingen, die ich unbedingt besitzen wollte. Gleich vor dem Laden von Swantje Willms bildete sich bei Regen eine sehr tiefe Pfütze, fast schon ein kleiner Teich. Barfuß durch das warme Pfützenwasser zu waten, war sehr angenehm. Am angenehmsten war jedoch der Erwerb eines kleinen Seehunds aus politisch unkorrektem Robbenfell, das beim Streicheln in die eine Richtung so weich und silbern war wie Wasser und in die andere Richtung hart wie eine kleine Bürste.

Irgendwann verkaufte Swantje Willms ihren Laden, aber da fuhr ich schon nicht mehr im Sommer auf die Insel. Denn jene Woche, in der ich allein im Strandkorb darauf wartete, dass der Schmerz nachließ, sollte für die nächsten fünfzehn Jahre der letzte Inselsommer sein. Doch auch mit den eigenen Kindern galt auf Spiekeroog nach wie vor: Jeder darf machen, was er will. Und Rausschwimmen nur bei Flut in der bewachten Badezone.

Heute ist für mich die Schatzinsel der schönste Laden Spiekeroogs. Er gehört Katrin Nannen, die früher auch mit den Jugendlichen am Volleyballnetz lag, später einen Insulaner heiratete und tatsächlich auf Spiekeroog blieb. Eigentlich war das ja unser aller Traum gewesen, aber er erschien uns ähnlich wahrscheinlich, wie in ein europäisches Königshaus einzuheiraten: theoretisch möglich, aber besser, man hatte noch einen Ersatzplan. Die Insulaner hielten sich privat eher von den Gästen fern. Anders als wir waren sie ja auch nicht zum Vergnügen da. Beim Sport gab es Überschneidungen, in der Schlagballmannschaft spielten immer ein paar Insulaner, bei den Beachvolleyballturnieren auch. Aber als Gast scheute man sich doch, sich zu sehr an sie ranzuwanzen. Nachher dachten die noch, man sei nur so nett, weil man billig wohnen wollte.

Für die Insulaner war es auch nicht einfach. Einerseits gehörte ihnen das alles, und doch war es nur etwas wert, wenn sie zuließen, dass die Touristen einmarschierten und sich sofort wie zu Hause fühlten, das hieß sich auch alles Schöne und Besondere zu eigen machten und Bücher verfassten, die so anmaßende Titel trugen wie *Mein Spiekeroog*. Konnten sie sich mit Leuten anfreunden, die immer nur zum Spaß da waren und für diesen Spaß bezahlten? Die abhauten, wenn der Spaß vorbei und das Geld alle war? Und die einen schon fast vergessen hatten, bis ihnen im kommenden Jahr wieder einfiel, dass sie eigentlich auch ganz gut bei ihrem Freund, dem Insulaner, auf der Ausziehcouch schlafen könnten?

Das alles war verwirrend und kompliziert, und obwohl mich ein Insulaner irgendwann, ganz früher mal, und auch nur für einen Abend oder so, toll fand und ich ihn auch, war alles viel zu verwirrend und kompliziert, und wir trauten weder uns noch einander noch der ganzen Geschichte.

Das Old Laramie

D er einzige Ort meiner Jugend auf Spiekeroog, an dem die Welt nicht heil und licht, sondern rauschhaft und beinahe gefährlich (na ja) war, war das Old Laramie im wilden Westen der Insel. Es liegt ein ganzes Stück außerhalb des Dorfs, und dort wird getrunken und getanzt bis zum Sonnenaufgang. Wenn das alljährliche Schlagballturnier gegen Langeoog stattgefunden hat, dann gehen alle abends dorthin und feiern Sieg oder Niederlage, das spielt keine Rolle.

Damals war es noch eine verqualmte Spelunke, eine Mischung aus Cowboysaloon, Hippiekneipe und Musikschuppen – noch heute tanzen viele barfuß dort. Eduard Jess hieß der sagenumwobene Besitzer des Laramie, doch alle kannten ihn nur unter dem Namen »Eddi«. Für mich bleibt Eddi eine nebulöse Gestalt. Wenn ich Leute nach Geschichten über ihn frage, dann lächeln sie wissend und sagen so etwas wie »Ach, Eddi, das war schon ein toller Kerl«. Er kam aus Westfalen und verkaufte einst Fritteusen. Irgendwann stieg er aus dem Küchengerätegeschäft aus und übernahm das Haus am Westrand der Insel, lud Bands ein, hatte auch nachts um vier noch auf. Angeblich sei er ein Opfer seiner eigenen, nicht minder sagenumwobenen Frikadellen geworden. Aber das stimmt natürlich nicht. Eddi – sogar auf seinem Grabstein steht dieser Name – ruht auch nicht an der Biegung des Flusses, den es auf der Insel ohnehin nicht gibt, sondern auf dem Spiekerooger Friedhof.

Bevor Eddi das Old Laramie zu einem subversiven Ort des Rausches und des Rock 'n' Roll machte, war es die erste Warmbadeanstalt der Insel gewesen. Doch in der Nazizeit wurden die Wannen weggepackt, und das Laramie wurde zur Abflughalle für den Inselflughafen. Nach Sprengung der Landebahn war das Haus erst ein Ausflugslokal namens Café Westend, bis es 1962 von einer Sturmflut heimgesucht wurde. Dann kam Eddi und baute es wieder auf.

Der »neue« Besitzer ist Dirk Nannen, der ursprünglich aus Baltrum kommt, also von zwei Inseln weiter. Seit fast fünfundzwanzig Jahren führt er die Bar, legt auf, organisiert Konzerte, zimmert, flickt und werkelt an seiner Kneipe herum, die jedes Mal, wenn man kommt, ein bisschen anders aussieht. Die von den Dünen geschützte Terrasse und das alte Haus gehen fast schwellenlos ineinander über, und die Schwalben, die im Sommer in der Bar nisten und so gelassen wie emsig hinein- und hinausfliegen, sind der Beweis, dass die Vermischung von Drinnen und Draußen geglückt ist. Eine alte Zinkbadewanne steht längs durchgesägt und aufgebockt als Sitzbank neben der Bar und erinnert an die Warmbadzeiten, wie die gesampelte Tonabfolge in einem neuen Lied.

Im Laramie wird nach wie vor fast jede Nacht getrunken und getanzt. Bands kommen und spielen dort. Es hat noch immer seinen Wildwest-Charme, ist aber auch Surferbar für die Kitesurfer, die gleich dort am Strand ihre Sprünge und Wellenflüge vollführen, und Stand-up-Paddling-Yogastunden kann man dort auch buchen. Manche tanzen ohne Schuhe im Trockeneisnebel, andere fläzen sich auf den Sofas, die unter freiem Himmel stehen. Überall liegt Angeschwemmtes, Aufgesammeltes;

Müll und Kitsch werden mit wenigen Hammerschlägen scheinbar wahllos irgendwohin genagelt. Und so entsteht eine Art Gesamtkunstwerk-in-progress, das einem begreiflich macht, was diese Shabby-Chic-Kneipen in den Städten synthetisch herzustellen versuchen.

Als ich im Laramie einmal eine Lesung abhielt, konnte ich über die Dünen und das Dach in den Abendhimmel blicken. Überall saßen Menschen an Tischen, auf Bänken, in Nischen, tranken, hörten zu oder träumten vor sich hin. Als es dunkel wurde, leuchteten ein paar Lichterketten, eine alte Stehlampe im Hortensienbusch schien auf mein Buch, und über uns ergoss sich die Milchstraße klar und verschwommen zugleich.

Als es vorbei war, holten sich alle etwas zu trinken, Dirk drehte die Musik auf, das Laken wurde vom Tischkicker gezogen, und bald sprangen die ersten Zeltplatzleute barfuß auf die Tanzfläche.

Nachmittags ist das Laramie wieder Café Westend und ein lauschiger Kaffeegarten für die ganze Familie. Legendär sind nun nicht mehr die fragwürdigen Frikadellen, sondern der sagenhafte Käsekuchen.

Eddis Porträt hängt in einem Rahmen hinterm Tresen. Es ist ein Schnappschuss, überbelichtet, schief, aber sehr freundlich.

Die Hermann-Lietz-Schule

N ur auf Spiekeroog durfte ich abends so lange wegbleiben, wie ich wollte. Einmal kam ich um vier vom Strand nach Hause und merkte erst im Richelweg, dass ich meinen Schlüssel verloren hatte. Ausnahmsweise war die Haustür der Pension einmal zugeschlossen, also kletterte ich vom Zaun aus in den ersten Stock auf den Balkon meiner Eltern und klopfte so lange, bis meine Mutter mir öffnete. Mein Vater wollte erst schimpfen, aber meine Mutter fand, das sei alles nicht so schlimm, stieg ins Bett meines Vaters und gab mir ihres. Am nächsten Morgen ging ich zum Strand und holte mir den Schlüssel, der im Strandkorb lag.

Meine Eltern waren alles andere als freie, fortschrittliche und antiautoritäre Hippies, aber innerhalb der Grenzen ihrer Konventionalität waren sie doch von aufklärerischer Gesinnung – und vor allem völlig unschuldig. Mein Bruder und ich brachten es nicht übers Herz, ihnen allzu viel Rebellion zuzumuten. Drogen, Piercings, Sex, Alkoholexzesse, chronisches Schuleschwänzen hätten sie nicht wütend gemacht, sondern ihr Weltbild zerstört. Solche Sachen mussten wir uns für später aufheben oder wirklich heimlich machen. Mein Bruder und ich sind sehr diskret und können gut Geheimnisse bewahren, das haben wir von klein auf gelernt. Selbst meine Studienfächer,

Deutsch und Englisch, habe ich vor allem für meine Eltern auf Lehramt studiert, obwohl ich nicht anstrebte, Gymnasiallehrerin zu werden. Zumindest ließen sie mich in Ruhe, waren glücklich, und ich habe hinter ihrem Rücken noch ein paar andere Abschlüsse gemacht, ohne dass sie das je ganz zur Kenntnis genommen hätten.

Vor mir selbst rechtfertigte ich das Lehramtsstudium mit einem einzigen Gedanken: Wenn ich tatsächlich Lehrerin werden würde, dann nur auf Spiekeroog. Meinen Kindheitstraum, Leuchtturmwärterin zu werden, konnte ich auf Spiekeroog nicht verwirklichen, da es dort, im Gegensatz zur Nachbarinsel Wangerooge, keinen Leuchtturm gibt. Also musste ich mich wie all die anderen, die Primadonna, Rockstar oder irgendeine Art von Weltmeisterin werden wollten, mit den äußeren Gegebenheiten abfinden. Außer Lesen und Schreiben konnte ich nicht viel. Beidem gedachte ich gerade als Leuchtturmwärterin besonders umfassend nachzugehen. Ja, ich stellte mir vor, dass es beim Leuchtturmwarten vor allem ums Lesen und Schreiben auf einem Turm im Meer ging, ähnlich wie beim Angeln (Lesen und Schreiben auf einem Holzsteg am See) oder Jagen (Lesen und Schreiben auf einem Hochsitz im Wald). Die sinnvolle Alternative bedeutete: Lehrerin für Lesen und Schreiben auf einer Insel im Meer.

Die Hermann-Lietz-Schule ist das einzige deutsche Internat auf einer Insel. Als ich selbst noch zur Schule ging, hatte sie nicht so einen guten Ruf; die Reichen würden dort ihren dummen Kindern ein Abitur kaufen, hieß es immer. Vielleicht stimmt das, vielleicht stimmte es früher einmal, vielleicht ist es aber auch das Vorurteil gegenüber jedem deutschen Internat – vor allem derer, die nie auf einem gewesen sind. Tatsache ist, dass die Hermann-Lietz-Schüler sieben Monate über den Atlantik segeln dürfen, ihre eigenen Rinder und Schafe haben, beim Deichbau mithelfen und Boote bauen lernen.

Der bekannteste Hermann-Lietz-Abiturient ist wohl immer noch der Raketenkonstrukteur und SS-Sturmbannführer Wernher von Braun. Er kam 1928, kurz nach Gründung der Schule, auf die Insel und machte zwei Jahre später ein vorzeitiges Abitur. Ich glaube nicht, dass dies die prägendsten Jahre seines Lebens waren. Ich glaube auch nicht, dass er ausgerechnet hier auf die Idee gekommen ist, eine Waffe zu entwickeln, deren Herstellung zwölftausend, vielleicht sogar zwanzigtausend Menschen das Leben gekostet hat und deren Einsatz dann nochmal achttausend Menschen tötete – vor allem Kinder und Frauen.

Aber davon abgehalten hat ihn die Insel leider auch nicht.

Ich versuche mir einzureden, dass er dafür vielleicht nicht lange genug da war. Aber ich weiß selbst, wie schwächlich das klingt. Dass man hier über Raketen und Raumschiffe nachdenkt, kann ich mir allerdings vorstellen, vor allem, wenn bei Nebel keine Trennung mehr zwischen dir und dem Meer und dem All besteht, wenn du glaubst, gleich den Sand unter den Füßen zu verlieren, und du schon beim nächsten Schritt die Erdanziehung kaum noch zu spüren vermeinst. Oder in klaren Nächten, wenn die Milchstraße wie Lichtrauch über den Himmel wabert und dir die Sternschnuppen um die Ohren fliegen.

Der Zeltplatzkiosk

Am Laramie macht der Weg einen Knick, und man wendet sich direkt dem Festland zu. Geht man auf dieser Straße, der einzigen, weiter, kommt man zum Zeltplatz, der zum Anleger hin zwar günstig, vom Hafen aus aber recht weit entfernt liegt. Und da der Anleger inzwischen ganz abgebaut ist, bedeutet der Zeltplatz so etwas wie das Ende der Zivilisation. Und ausgerechnet dort stößt man auf das kleinste Kaufhaus der Welt: den Zeltplatzkiosk. Dort gibt es eigentlich alles – nicht nur alles, was man braucht, sondern auch das meiste von dem, was man überhaupt nicht braucht, aber trotzdem gerne hätte. Und das ist gerade das Wundersame dieses Ortes.

Kinder, denen sich der Sinn des Spazierengehens bekanntlich nicht erschließt, trotten einem auch bei Regenwetter lammfromm den ganzen Weg vom Dorf zum Zeltplatz hinterher, aber nur, wenn man sie zuvor mit Aussicht auf die Verlockungen des Zeltplatzkiosks gefügig gemacht hat. Dort schreiten sie langsam die Holzregale ab und betrachten verzückt solche Süßigkeiten, die es selbst in der Großstadt nicht überall gibt: seltsame Hipster-Proteinriegel, exotische Kaugummis, spezielle Salzlakritze. Und wenn es tatsächlich einmal etwas nicht gibt, dann gibt es etwas Ähnliches, nur noch cooler. Womit keinesfalls die Reformhaus- und Naturkostabteilung gemeint ist –

die Öko-Sachen, die es hier natürlich auch gibt, kennen alle Kinder schon von zu Hause. Außerdem bekommt man auch Plüschkrebse und Muschelketten, Regenhosen und Wäscheleinen.

Als ich klein war und bei Regen hinter meinen Eltern herschlurfte, gingen wir immer am Zeltplatz vorbei, um uns zu gruseln. Da wir nur spazieren gingen, wenn das Wetter zu schlecht war, um an den Strand zu gehen, sah ich die Zeltplatzbewohner nie anders als nass, in Decken gehüllt, unter durchhängenden Planen hockend und melancholisch in den Regen starrend. Meine Mutter empfand jedes Mal tiefes Mitleid mit ihnen. »Die Armen! Ach, diese armen, armen Menschen!«, rief sie laut und starrte bekümmert in die offenen Zelte, die nicht mehr als drei Meter von ihr entfernt standen und aus denen jene Menschen mit hochgezogenen Augenbrauen zurückstarrten. Seufzend betrachtete sie herumliegende Kleidungsstücke und Nahrungsmittel. Womöglich konnte man da drin auch seine Zeltnachbarn schnarchen oder pupsen hören. Es war für sie schlichtweg unvorstellbar, dass Touristen sich freiwillig einer solchen Tortur unterzogen, geschweige denn Geld dafür bezahlten.

Die Zeltplatzleute waren eine eingeschworene Gemeinschaft, sie waren cooler als wir, die bürgerlichen Pensionsgäste, und man munkelte, sie würden bisweilen sogar nackt baden. Die Teenager dort hatten ihre eigenen Volleyballnetze und waren wilder, braungebrannter und freier als wir vom abgesteckten Hauptstrand mit unserer Badezeitenglocke. Aber, behauptete meine Mutter, die auf dem Zeltplatz waren bestimmt auch viel erkälteter als wir. Müder auch. Und gewiss rochen sie nicht so frisch.

In meiner Kindheit hatte der Kiosk zwar noch nicht diese überwältigende Auswahl an exotischen Süßigkeiten, war aber damals schon ein Ort der Verheißung. Und obwohl ich, wenn ich das Wort »Ziel« höre oder lese, eigentlich immer ein gelbes Banner mit roten Großbuchstaben sehe, so habe ich doch bis zum heutigen Tag beim Ausdruck »endlich ans Ziel gelangen« einen vom Salz gebleichten Bretterverschlag vor Augen und davor eine lange Straße mit wellenförmigen Verbundpflastersteinen aus Beton.

Die Ulme

Die wellenförmigen Verbundpflastersteine führen auch um die einzige Ulme der Insel herum. Sie steht dort, wo der Slurpad in den Norderloog mündet. Eigentlich kommen alle täglich mindestens einmal an diesem Baum vorbei. Er ist sehr groß und bestimmt über hundert Jahre alt, vielleicht sogar zweihundert. Ich wusste als Kind nicht, dass der Baum eine Ulme ist, bis Herr Meyer-Deepen es in einem seiner Diavorträge im alten Kurmittelhaus erwähnte.

Ulmen sind selten und in Gefahr. Schon seit fast hundert Jahren sterben sie an einem Pilz, vor dem es, wenn er sich erst im Baum niedergelassen hat, kein Entrinnen gibt. Der Ulmensplintkäfer schleppt den Pilz ein, der die Wasserleitbahnen des Baums verstopft, sodass er vertrocknet und eingeht. Ich erinnere mich, dass in den Achtzigerjahren überall in England tote Ulmen in der Landschaft standen und ihre von Efeu überwucherten Äste dunkel in den Himmel reckten. Jedes Jahr habe ich Angst, dass die Spiekerooger Ulme nicht mehr da sein könnte. Aber noch steht sie.

Ich habe gelesen, dass man nicht einmal Ulmenholz für den Kamin mit auf die Insel nehmen darf, damit der Ulme nichts passiert. Ich hoffe, dass sich alle Kaminbesitzer daran halten, und ich hoffe, dass sie alle wissen, was Ulmenholz ist.

Immer, wenn ich an der Spiekerooger Ulme vorbeikomme, hebe ich ein Blatt auf und zeige der Person, die gerade mit mir dort entlanggeht, woran man Ulmenblätter erkennen kann: Sie sehen aus wie Buchenblätter, doch die beiden Blatthälften sind nicht symmetrisch. Die eine Seite hört ein Stückchen weiter unten auf als die andere. Das habe ich in der sechsten Klasse gelernt, und zwar von einem Biologie-Referendar, der Herr Hitzfeld hieß und im Unterricht Wanderschuhe mit verschieden hohen Sohlen trug. Die Wanderschuhe waren sicher der Grund, warum er so gut springen konnte, denn er sprang gern in einem perfekten Schlusssprung auf den hohen Tisch im Bioraum, der eher ein Tresen war als ein Tisch. Er schien oben auf dem Tresen besser erklären zu können als auf dem Fußboden. Könnte ich so gut auf Tische hüpfen wie er, würde ich auch keine Gelegenheit auslassen, es zu tun. Wir sind mit Herrn Hitzfeld wochenlang durch die Auwälder der oberrheinischen Tiefebene gegangen, und er lief und sprang vorneweg und erklärte uns alles über Bäume. Ich weiß wirklich viel über Bäume, und das schon seit der sechsten Klasse.

Meinen Kindern habe ich das mit den Ulmenblättern so oft gezeigt, dass sie vor Müdigkeit fast weinen, wenn ich wieder davon anfange. Meiner Mutter habe ich es auch ständig erzählt, aber sie fand es jedes Mal faszinierend – und damals war sie noch nicht vergesslich. Die Ulmenblätter zeigen also viel mehr als nur die raffinierten Asymmetrien der Botanik, sie zeigen auch die raffinierten Asymmetrien menschlicher Beziehungen.

Schwimmen 3

U nsere Familie ging brav fast jeden Tag zur Badezeit ins Meer
und, wenn es heiß war, auch zwischendurch zum Abküh-
len. Nur manchmal war es sogar meinen Eltern zu kalt oder zu
nass, und dann gingen wir, nach langem Überlegen, gelegent-
lich zum Zeltplatzkiosk, aber meistens ins Hallenbad. Seltsa-
merweise schienen alle anderen Familien immer auf denselben
Gedanken gekommen zu sein wie wir, und so bekamen wir mit-
unter kaum einen Stehplatz im Spiekerooger Fünfundzwanzig-
Meter-Becken.

Wir gingen aber auch ab und zu bei gutem Wetter ins Hallenbad, vor allem wegen des Sportabzeichens. Außerdem mochten wir das Hallenbad. Den Bademeister mochten wir nicht, er
hatte einen Vollbart, hinter dem wir sein Gesicht nicht lesen
konnten, aber es war ohnehin klar, dass er Kinder nicht leiden
konnte. Vielleicht konnte er auch keine Erwachsenen leiden,
jedenfalls schnauzte er sogar meine Eltern an, die aber nie zu-
rückschnauzten, sondern immer nur verlegen lachten, worauf-
hin er noch mehr schnauzte. (Vielleicht war der Bademeister
aber auch der Sonnenschein in Person und mochte einzig unsere Familie nicht, das kann man nicht so genau sagen.)

Das Hallenbad gefiel meinem Bruder und mir sehr gut. Es war
mit Salzwasser gefüllt, und am Nichtschwimmerende gab es

eine gewaltige Sprudeldüse, genauer gesagt eine Gegenstrom-anlage, die viele aber als Massagestrahl benutzten. Mein Bruder und ich versuchten auch, sie als Massagestrahl zu benutzen, wurden aber nach kurzer Zeit immer weggeschossen, und es dauerte eine ganze Zeit, bis wir uns wieder schwimmend nä-hern konnten. Die meisten Badegäste schoben sich von der Seite vor die Düse. Wir empfanden das als Schummelei und versuch-ten es immer wieder mit Brustschwimmen von vorne, meistens vergeblich. Hatte ich es mit oder ohne Schummeln geschafft, mich vor der Düse zu platzieren und mit den Fingern am Be-ckenrand festzukrallen, dann riss mir der scharfe Wasserstrahl nicht nur das Fleisch von den Knochen, sondern zerfetzte auch noch meinen Badeanzug. Aber das war es allemal wert.

Das Salzwasser im Hallenbad schmeckte noch scheußlicher als im Meer, und es brannte stärker in den Augen als Chlor. Mein Vater behauptete, dass das Salzwasser dem Körper Auf-trieb gebe und dieser deshalb fast von selbst schwämme. Das war in meinen Augen der blanke Unsinn. Nichts schwamm hier von alleine. Die Killer-Gegenstrom-Massagestrahl-Sprudel-düse bewies das. Ein weiterer Beweis waren mein Bruder und ich, denn bei unserem zweiten Aufenthalt auf Spiekeroog absol-vierten wir unseren schwarzen Totenkopfschwimmer. Im Jahr darauf machten wir unseren goldenen Totenkopfschwimmer, jawohl, den goldenen Totenkopf, den gab es wirklich. Und Auf-trieb hin oder her, auch diese beiden Abzeichen erledigten sich in keiner Weise von selbst.

Der Totenkopfschwimmer bestand darin, eine Stunde lang (schwarzer Totenkopf) oder zwei Stunden lang (goldener Toten-kopf) über Wasser zu bleiben und dabei möglichst zu schwim-men. Am Beckenrand festhalten war verboten, ebenso wie mit den Füßen den Boden zu berühren. Auf die Abzeichen waren schwarze Totenköpfe gestickt, mit gekreuzten Knochen darunter. Der Schädel des einen Aufnähers hatte einen schwarzen, der des anderen einen goldgelben Kreis um sich herum. Kurzum, sie sahen fantastisch aus.

Mein Bruder und ich schwammen also mit unseren asymmetrischen Beinschlägen kreuz und quer durch das Becken. Wir langweilten uns sehr. Ich bekam bald Hunger, und mein Bruder fror. Meine Mutter stand am Beckenrand und warf uns zwischendurch dreieckige Tobleronestückchen ins Wasser, die wir – leider nicht mit dem Mund, das war zu riskant – auffingen und aßen. Die letzte halbe Stunde machten wir Toter Mann, das erschien uns die angemessene Fortbewegung für einen Totenkopfschwimmer. So trieben mein Bruder und ich langsam durchs Becken und versperrten jenen seltsamen Menschen den Weg, die tatsächlich ins Schwimmbad gekommen waren, um zu schwimmen.

Irgendwann war die Zeit um, und wir durften aus dem Wasser. Unsere Körper fühlten sich an wie Blei. Die Haut unserer Hände war völlig zerknittert, aufgequollen und weiß. Wir bekamen eine Urkunde, die ich sofort verlor. Ich hatte das Ganze ohnehin nur für den Aufnäher gemacht, den meine Mutter noch am selben Abend auf unseren Badehosen applizierte. Als meine irgendwann zu klein wurde, musste meine Mutter die beiden Totenköpfe mühsam abtrennen und auf den nächsten Badeanzug nähen.

Einige Jahre lang war das Hallenbad geschlossen, und als es endlich wieder aufmachte, konnte man eigentlich nicht mehr richtig darin schwimmen. Es war nun ein »Wellnessbad«, das heißt, statt einer rechteckigen Schwimmbadform hatte es an der einen Seite eine Wellenform bekommen. Zudem ist es jetzt überall gleich flach und heiß: In dreißig Grad warmem Wasser kann man weder auf Zeit noch auf Strecke schwimmen. Für das Sportabzeichen wird zwar noch trainiert, aber der Totenkopfschwimmer gehört der Geschichte an.

Der Bahnhof

Nachdem der Hafen gebaut und die Inselbahn abgetragen worden war, stand der alte Bahnhof leer. In dieses Gebäude am Rand des Dorfes zog in den Achtzigern die erste trendige Kneipe der Insel. Früher trafen sich die Jugendlichen abends im Inselfriede, aber schon der Name deutete an, dass es sich hierbei nicht um eine hippe, sich ganz nah am Puls der Zeit befindliche Lokalität handelte. (Heute wäre der Name als ironisches Retro-Zitat eher möglich.) Der umgewandelte »Bahnhof« war anders, modern, laut, hell, mit hübschen Lampen, coolen Bedienungen, kleinen Bistrotischen – eben so wie die Kneipen, in die man auf dem Festland auch gegangen wäre. Außerdem war es das erste Pizza- und Pasta-Restaurant auf der Insel. Der Bahnhof war jeden Abend voll, verraucht, es wurde solche Musik gespielt, die man tatsächlich hören wollte, und aus einem unerklärlichen Grund war roter Genever das Getränk der Stunde.

Natürlich waren der Bahnhof, die Strandpartys und selbst das Laramie immer noch Teil einer sehr heilen Welt. Das Dorf war viel zu klein, um etwas anderes zu sein als ein *Hortus conclusus* oder *Hortus amoenus*, ein abgeschlossener und lieblicher Garten im Meer. Die Realität brach für uns Touristen selten in die Inselwelt ein. Es fuhren zudem nur Deutsche nach Spiekeroog. Die meisten mit Abitur. Das hat sich kaum geändert. Vielleicht hört man inzwischen ab und zu ein wenig Schweizerdeutsch, klar, für die Schweizer ist das hier Billigurlaub. Und vielleicht hat jemand mal Familie aus Amerika dabei oder eine asiatische Ehefrau. Und es gibt einen walisischen Schlagballtrainer. Trotzdem: fast alles »Erste Welt«, viele weiße Akademiker. Nur im Mutter-Kind-Kurheim, in der Dünenklinik, gibt es auch normale Frauen, aber die sind so weit im Osten, dass sie sogar einen eigenen Strandzugang haben. Auffanglager für Geflüchtete, wie auf anderen europäischen Inseln, gibt es auf Spiekeroog nicht.

Und der Bahnhof ist weniger ein Ort der Ankunft als des gepflegten Absturzes.

Wenn man in Deutschland Urlaub macht, muss man keine Fremdsprachen können, aber man hört alle möglichen Dialekte und Akzente. Ich habe es immer geliebt, im Strandkorb zu sitzen und den Leuten aus Nordrhein-Westfalen zu lauschen, von denen es hier am meisten gab und die von der Insel immer als »Schbikka-Ook« sprachen. Meine Mutter sagte »S-Bieke-Rooch«. So haben mein Bruder und ich es auch ein paar Jahre lang genannt, aber irgendwann passten wir uns an, und jetzt ist es so eine Mischung: »Schpieke-Roog«. Wir lernten, Eifeler Platt vom Rheinischen Platt zu unterscheiden und die feinen Nuancen zwischen Kölsch, Ruhrgebiets-Slang und klassisch-behäbigem Westfälisch. Bayrisch und Fränkisch kamen immer erst im August dazu. Hessisch hörte man auch ab und zu, und wir fanden vor allem das Nordhessische faszinierend, mit seinen zerschmolzenen, englischen »r«-Lauten. Und dann gab es natürlich die norddeutschen Akzente mit vielen harten Glottisschlägen, also »da-unter« statt darunter, »Ze-ell« statt Zettel, und überraschenden Dehnungen, wie »Fajel« und »Zijel« und anderen Wörtern, die in allen anderen Dialekten einsilbig – Pfeil, Ziel – waren.

Später horchte ich auf die neu hinzugekommenen Dialekte wie Sächsisch und Thüringisch und andere ostdeutsche Färbungen, die ich nicht einzuordnen vermochte, in denen aber immer »Spott« gesagt wurde, wenn vom Sport die Rede war. Doch da war ich schon erwachsen und konnte nicht mehr so unbefangen fragen, wo sie denn alle herkämen.

Der Einzige, der bis heute unbefangen fragt, wo sie denn alle herkämen, ist Eckart Strate, der Dünensänger. Davon aber gleich.

V. DIE DÜNEN

Ohne Dünen wäre das Dorf schon längst im Meer versunken. Dünen bestehen aus Meeressand, der angeschwemmt und vom Wind trocken geblasen wird. Dann fliegt er so lange, bis er durch irgendein kleines Hindernis aufgehalten wird und davor liegen bleibt. Das Hindernis wird größer und höher, immer mehr weißer Sand bleibt davor und bald auch dahinter liegen, und so wächst der Sandhaufen immer weiter, bis die ersten Pflanzensamen anwehen und ihre Wurzeln dort hineinstrecken, sodass der Sand nicht mehr so schnell fortfliegen kann. Das sind dann die flachen Vordünen, auf denen vielleicht ein bisschen Queller wächst, Salzmiere oder Meersenf, alles Pflanzen, die auch mal einen guten Schluck Salzwasser vertragen oder sogar benötigen. Je fester der Sand, desto mehr Pflanzen lassen sich darauf nieder, und je mehr Pflanzen darauf wachsen, desto fester wird der Boden.

Nach und nach siedeln sich auch Gräser auf den spärlich bewachsenen Sandhaufen an, und bald werden sie zu hohen Weißdünen. Irgendwann sind sie so zugewuchert, dass kaum noch Sand zu sehen ist, dann werden sie Graudünen genannt. »Grau« heißen sie angeblich nicht wegen der Farbe des Sands, sondern wegen der abgestorbenen Pflanzenteile, die darauf liegen. Im Sommer sind sie allerdings eher bunt: Pinke Kartoffelrosen, gelbe Nachtkerzen, weiße Dünenrosen blühen dort. Zu Braundünen werden sie, wenn der Regen das Carbonat aus dem Boden wäscht, sodass bald nur noch solche Pflanzen dort leben können, die sich auf sauren Böden wohlfühlen. Die Hügel werden etwas flacher und von einer geschlossenen Heidelandschaft aus Krähenbeeren, Farnen und Sanddorn überzogen.

Ein Freund, der auf Spiekeroog aufgewachsen ist, schenkte mir einst ein Glas Sanddornmarmelade, deren Beeren von einer geheimen Stelle im Osten der Insel stammten. Seine Mutter hatte die Marmelade eingekocht, aber nicht einmal ihm verriet sie, wo sich diese Stelle befindet. Mit den meisten Geheimnissen verhält es sich ähnlich wie mit den Dünen selbst, keiner darf eindringen, sonst bricht viel mehr zusammen als geahnt.

Doch in der Zwischenzeit haben sich an der Wasserkante längst wieder neue Vor-, Weiß- und Graudünen gebildet. Die Landschaft dieser Insel ist immer in Bewegung. Bei einer Sturmflut brechen natürlich als Erstes genau diese Randdünen ein. Deshalb ist jeder Strandhaferhalm, der in ihnen steckt, wichtig. Und deshalb darf man nicht in den Dünen herumwandern oder mit seinem Kind zum Pipimachen dort hineingehen. Ein Strandhaferhalm kann fünf Meter nach unten wachsen. Im Nationalparkhaus Wittbülten im Osten, hinter der Hermann-Lietz-Schule, wird das auf einer mindestens drei Meter langen Bildrolle gezeigt. Die Wurzel des Strandhafers ist mein Lieblingsausstellungsstück, obwohl mir das Walskelett an der Decke auch gut gefällt.

Die beiden Biologen Florian Schlesiger und Oliver Röller haben vor fünfzehn Jahren ein Buch über die Pflanzenwelt Spiekeroogs herausgebracht. In ihm blätternd, entdecke ich ein ganzes Kapitel über eine Pflanzenart, die mich schon seit jeher begeistert und beschäftigt, nämlich das Moos. Im Buch steht, dass es dreihundert verschiedene Moosarten auf Spiekeroog gibt, das habe ich nicht gewusst. Moos wächst besonders gut in den Dünen, wo die feuchten Seenebelschwaden hängen bleiben, die Luft sauber und die Gegend nicht besonders aufgeräumt ist: Kleine Baumstämme, die dort umkippen, dürfen liegen bleiben, sodass sich die Moose und Flechten ungestört darauf niederlassen können.

Wenn schon eine Insel uns erscheinen mag wie ein kleines, abgeschlossenes Universum im Universum, so ist die Mooslandschaft auf den Dünen einer Insel ein Universum im Universum im Universum: Auf dem Bauch liegend, kann ich sehen, wie sich die einzelnen Moospolster in ähnlich weichen Bogen über die Dünen ziehen wie die Dünen über die Insel. Um zwischen den kleinen Mooshügeln herumwandern zu können, müsste man wohl wie Alice im Wunderland an einem Pilz knabbern. Als Kind habe ich manchmal sehr kleine Gummitiere oder besonders hübsche Steine benutzt, die ich in der Mooslandschaft aufgestellt habe, um so einen wilden Natururwald und paradiesartigen Idealort zu erschaffen, aber eigentlich reicht es auch, einfach nur zu schauen. Die einzelnen Polster sind nicht immer gleich: Aus dem einen ragen kleine Sporenträger, ein anderes ist wie Samt, ein drittes hat strahlenartig angeordnete Spitzen, eines ist tropfnass, ein anderes eher rau und, zumindest an der Oberfläche, ganz trocken. Ihre Farben reichen von Silbergrau zu Dunkelgold, von Leuchtgrün zu Rotbraun, und in ihnen leben winzige Wimperntierchen und Bärtierchen, für die der eine Tropfen Tau, der in einem zarten Moosblatt festhängt, wiederum ein gewaltiges Universum im Universum im Universum im Universum ist, jenseits dessen es nie ein anderes geben wird. Doch wer weiß schon, wovon ein Wimperntierchen träumt.

Das Moos macht die Graudüne zur Braundüne; ebenso wie

die Krähenbeere, deren schwarzer Saft die Vogelkacke violett färbt. Auf den Graudünen sieht es bunt und grün aus und auf den Weißdünen grünsilberbeige: Der Strandroggen schimmert auf der Blattunterseite bläulich-silbrig. Und Blaulila ist die Farbe jener Blume, die auf den Weißdünen wächst und irgendwann zum Wahrzeichen der Insel wurde: die Stranddistel. Ihre Blätter sind hart und die Wachsschicht auf ihnen ist so dicht, dass sie auch Flugsandstürme unbeschadet überstehen können. Die Stranddistel ist vom Aussterben bedroht, aber auf Spiekeroog gedeiht sie prächtig.

Ich erinnere mich an einen Sommer, da schaukelten Tausende von Tagpfauenaugen über die Dünen. Sie tranken den Nektar aus den Stranddistelblüten, die unter all den bunten Flügeln kaum noch zu erkennen waren. Doch schon im darauffolgenden Sommer waren sie verschwunden.

Wie das Moos kann auch die Stranddistel unter ihren gewachsten Blättern das Regenwasser speichern, ist aber mit ihrer langen Pfahlwurzel viel fester im Boden verankert als das Moos, das gar keine Wurzeln, sondern bloß ganz zarte Rhizome hat.

Also richte ich mich wieder auf, zupfe mir die Moosrhizome, Flechtenreste und vertrockneten Gräserblüten von den Kleidern und lasse den Blick noch mal von oben über die sich wölbenden Dünenpolster schweifen. Wie ein einzelnes Ei liegt das Dorf im Nest aus Dünen, und der alte Begriff »Eiland« bekommt eine ganz neue Sinnhaftigkeit.

Als läge er in einem Kraterkreise
auf einem Mond: ist jeder Hof umdämmt,
und drin die Gärten sind auf gleiche Weise
gekleidet und wie Waisen gleich gekämmt

So heißt es in Rilkes Gedicht über ein Eiland in der Nordsee, und in den letzten beiden Versen ballen sich die *ei*-Laute, als gelte es, ein ganzes Gelege zu beschützen.

Die meisten Eier, die ich auf Spiekeroog gesehen habe, steckten unter kleinen gestrickten Pudelmützen und standen auf dem Frühstückstisch unserer Pension. Ich habe auch schon Rocheneier am Strand gefunden, schwarze, vertrocknete Hülsen, die an Hirschkäfer erinnern. Oft liegen die Eierschalen geschlüpfter Fasanenküken irgendwo in den Dünen.

Fasane schlendern lässig durch die Dünen und Wiesen Spiekeroogs. Die Fasanenmütter und ihre Kinder tragen Tarnfarben, aber selbst die bunt schillernden Männchen geben sich wenig Mühe, nicht noch mehr aufzufallen. Ich hatte gehört, dass die Vögel hier deshalb so entspannt seien, weil sie sich durch den Verzehr saurer Sanddornbeeren selbst ungenießbar machten. Ihr Fleisch wäre bitter und ihr Leben – zumindest nach dem Überschreiten der Raubvogelhäppchengröße – süß. Doch ein Spiekerooger Jäger versichert mir, dass die Jagdsaison im Oktober beginne und Fasane von hier sehr gut schmeckten. Auch wenn mir die Fabel vom Fasan, der den Menschen in seiner Gier durch eigene Gier austrickst, besser gefällt, so steigt doch meine Bewunderung für den Fasan in seiner inneren Gefasstheit.

Auch die großen Hasen wirken nicht allzu scheu. Langsam und ein bisschen hüftsteif staksen sie über die dunklen Dünen, aber nur, solange sie sich in Sicherheit wiegen. Sobald sie anfangen zu rennen, ist die Steifigkeit wie fortgeblasen, und ihre Hinterläufe scheinen die vorderen zu überholen. Hasen, im Gegensatz zu Kaninchen, bauen überirdisch. Kaninchen durchlöchern mit ihren unterirdischen Gängen die Deiche und Dünen und könnten so wahrscheinlich eine ganze Insel versenken. Auf Spiekeroog wurden sie einst als Nahrung für die ärmeren Insulaner eingeführt, doch schon seit dem 19. Jahrhundert gibt es keine Kaninchen mehr auf der Insel.

Ich war fast nie während der Jagdsaison auf der Insel, und wenn, habe ich es nicht mitbekommen. Nur den Spiekerooger Jagdhornbläserchor habe ich ein paarmal gehört. Wenn die Männer in die Hörner stoßen, hat das immer auch etwas Trotziges, so als wollten sie verkünden, dass nicht alles hier immer nur hübsch und verwunschen ist. Dass Tiere getötet werden, bevor man sie isst, und dass Schießen Spaß macht. Der Bläserchor spielt nicht für mich, sondern für sich selbst, unabhängig und selbstgenügsam wie eine Insel.

Dünensingen

Ganz anders als der archaische Jagdhornchor ist der Dünen-chor, den Eckart Strate um sich versammelt. Aber er nennt ihn bewusst nicht »Chor«, vielleicht, weil das schon zu sehr nach »Liederkranz Frohsinn« klingt. Das, was während der Bremer Sommerferien vier Mal die Woche in den Dünen stattfindet, heißt Dünensingen. Der pensionierte Bremer Lehrer und Vater des Revolverhelden Johannes Strate hat das Dünensingen vor über fünfzig Jahren auf Spiekeroog erfunden und leitet es bis heute. Dank ihm kenne ich Hunderte von Kanons und vielstrophigen Volksliedern. Ich habe gelernt, wie man spontan zweite Stimmen singt und dass die Intonation vom Wetter beeinflusst wird. Obgleich ich während der letzten achtzehn Jahre meistens dort war, ist Eckart Strate weniger Teil meiner Kindheit als der meiner Kinder. Ich erinnere mich zwar, früher einige Male dabei gewesen zu sein, doch das waren die Ausnahmen: Denn entweder man ging morgens um elf Uhr zum Dünensingen oder um zehn Uhr zur Strandgymnastik, die aber damals länger dauerte als eine Stunde. Es war also klar, wie unsere Familie ihre Vormittage verbrachte.

Als ich keine Lust mehr hatte, mit meinen Eltern Sport zu treiben, ging ich zum Singen, doch ausgerechnet da machte Ecki, wie ihn alle in der Düne nennen, gerade ein paar Jahre

Pause und wurde vertreten. Ich liebte das Dünensingen trotzdem und habe außer Eckis Stimme auch noch die Stimmen von Gerhard Däublin und Regine Bunde im Ohr.

Eine Freundin von mir ist wegen ihrer Sommer auf Spiekeroog später Sängerin geworden. Ich bin bestimmt auch wegen meiner Sommer auf Spiekeroog später Schriftstellerin geworden. Ohnehin finde ich, dass sich Singen und Schreiben nicht großartig unterscheiden. Immer geht es um Atem, Stimme, Rhythmus und Schweigen. Und wieder und wieder Atem. Ja, wenn ich recht darüber nachdenke, kann auch das antike Lebensprinzip des *pneuma* hier ganz unmittelbar erfahren werden. Mit *pneuma* wird jener kosmische Geist oder Atem bezeichnet, der sowohl Leib, Seele als auch das Universum zusammenhält. Es ist eine Inspiration im ganz wörtlichen Sinne, also eine Einhauchung, und damit Voraussetzung für jegliches künstlerische Schaffen. Mit anderen Worten, ein metaphysisches Reizklima. Und wo wäre ein besseres Reizklima anzutreffen als hier, wo das bloße Atmen ein Akt der Selbstheilung ist?

Gipsbein

Als ich sechzehn war, verletzte ich mir kurz vor den Sommerferien beim Volleyballtraining den Knöchel und musste mit kniehohem Gips auf die Insel. Mein Vater, der in einem physikalischen Forschungszentrum arbeitete, brachte ein paar sehr lange Plastiktüten aus dem Institut mit. Er sagte, dass sie darin ihren radioaktiven Abfall entsorgten, aber das sollte bloß ein Witz sein. Tatsächlich waren diese Plastiktüten enorm stabil, also war es vielleicht doch kein Witz. Radioaktiver Abfall oder nicht, ich war froh, dass wir die Beutel eingepackt hatten.

Es war ein heißer Sommer, sogar an der Nordsee. Ich schlüpfte also mit meinem Gipsbein in eine dieser Tüten und klebte sie mit Paketklebeband an meinem Oberschenkel fest. Dann hinkte ich auf Krücken ins Meer. Ich weiß noch genau, wie gut sich das anfühlte. Der Gips war verschwitzt, sandig und juckte. Doch dann. Plötzlich. Kühlung! Obwohl ich jedes Mal sicher war, dass nun ganz bestimmt Wasser in die Tüte gekommen sei, denn es fühlte sich sofort klitschnass an, blieb der Gips immer unversehrt.

Das Gipsbein hatte zur Folge, dass ich mir nicht auf übliche Weise Bewegung an der frischen Luft verschaffen konnte. Ich hatte deshalb ein altes Fahrrad dabei, mit Rücktritt und Handbremsen, und mit dem fuhr ich kreuz und quer über die Insel. Am liebsten radelte ich auf den schmalen, mit roten Klinkern oder Betonpflastersteinen ausgelegten Pfaden durch die Braundünenlandschaft zwischen Dorf und Meer. Natürlich fuhr ich auch auf den Wegen, die für Räder verboten waren. Doch niemand wies mich zurecht, was auf Spiekeroog etwas Außergewöhnliches ist. Damit alle sofort sehen konnten, dass mein Fahrrad eine Art Rolli-Ersatz war, krempelte ich mir die Hose immer über den Gips. Ganz knicken konnte ich das Knie nicht, aber mit einer Pedale und ausgestrecktem Bein kommt man eigentlich auch gut voran.

In jenem Jahr lernte ich die Insel ganz anders kennen. Zusammen mit einigen feinen älteren Damen und einem feinen älteren Herrn belegte ich einen Aquarellkurs. Oft trafen wir uns dafür an Ecken, an denen ich noch nie gewesen war. Ich konnte zwar nicht gut malen, war aber trotzdem froh, dass ich so viel Zeit im Friederikenwäldchen und anderen Hainen verbrachte, die im Zwischenreich von Meer und Dorf wuchsen und auch bei warmem Wetter ganz leer und still waren. Hier war es heißer als am Strand, kein Wind regte sich, und es duftete nach Heide, Gras, Baumrinde und warmem Moos. Auch das Licht war anders, gefleckt und grün, Grillen zirpten, und wäre ein kleiner Satyr aus dem Gebüsch gesprungen, um etwas Panflöte zu spielen, wären wir alle nicht weiter erstaunt gewesen.

An einem Nachmittag jedoch trafen wir uns mitten im Dorf an der Alten Inselkirche. Sie ist klein und dunkel, erbaut 1696 und damit die älteste Inselkirche Ostfrieslands, aber schon im 16. Jahrhundert stand an dieser Stelle ein noch kleineres Gotteshaus. Ob die Pietà darin nun von einem Schiff der spanischen Armada stammt, das einst vor Spiekeroog gestrandet und dann geplündert worden war, kann man glauben, muss man aber nicht. Es gibt sogar ein Theaterstück darüber und viele Artikel, die sich gegenseitig zu widerlegen versuchen. Für mich macht es keinen Unterschied, ob diese Marienfigur nun von einem berühmten spanischen Schiff kommt oder von einem nicht so berühmten. Sie bleibt gleich alt, gleich unfriesisch und gleich geheimnisvoll und hat die immer gleiche Aufgabe, das Leiden einer Mutter zu verkörpern und das Leiden anderer Menschen zu mildern.

Was mir besonders gefiel, war, dass im hölzernen Kirchenschiff ein ziemlich großes Holzschiff von der Decke hängt. Das war wie mit der Süßwasserlinse auf der Insel: Denn die Kirche mit ihrem Holzschiff im Holzschiff hatte ein hölzernes Schwimmdach und konnte damit bei Sturmflut selbst zum Schiff werden. Also war das hängende Schiff gewissermaßen ein Schiff im Schiff im Schiff.

Gemalt habe ich aber nur das Backsteingebäude mit dem Glockenturm. Der freundliche Kunstlehrer konnte mir zwar nicht beibringen, wie man gut aquarelliert, aber vielleicht, wie man ein bisschen besser schaut.

Als der Malkurs vorbei war, machte ich auch noch einen Spinnkurs, denn ein Spinnrad hat nur ein einziges Pedal. Meine Lehrerin hieß Maria. Sie war sehr schön und hatte eine Stimme wie die Rohwolle, mit der sie arbeitete: kratzig und weich zugleich und sehr warm. Beim Spinnen waren nur Frauen, manche konnten es schon vorher. Die Spinnräder klapperten und surrten. Wir sprachen und lachten nur leise, weil wir uns konzentrieren mussten, und unsere Hände wurden ganz zart vom Wollfett.

Als ich mich später im Literaturstudium mit mündlich tradierten Erzählungen befasste, hatte ich Marias Stimme im Ohr, das Klappern der Spulen und Trittbretter. Noch immer sehe ich den weißen, flauschigen Faden, der sich aus der gezupften Wollwolke herausschlängelte, mal dicker, mal dünner werdend über meinen Finger glitt und nicht abreißen durfte. Und wirklich: Solange Maria erklärte und alle plauderten, lief meistens alles glatt. Gab es aber Fragen, Unruhe und Unterbrechungen, riss mir der Faden, und ich bekam nur mit Mühe wieder den richtigen Dreh. So erkannte ich, dass Spinnen und Stimme auf vielfältige Weise miteinander verzwirnt sind. Wenn einer »spinnt«, dann heißt das, er macht oder erzählt verdrehte Geschichten. Und dass »Text« von »Textil« kommt, ist eine ganz körperliche Erfahrung. Außerdem riecht sie nach Schaf.

Der Lesepavillon

Die Dünen reichen bis an das Dorf heran. Manche der Häuser sind in die Dünen gebaut. Das größte von ihnen ist die katholische Kirche, deren kegelförmiges Dach vom Festland aus zu sehen ist. Ein sehr kleines Dünenhaus, das auch eine besondere Form hat, ist der sechseckige Lesepavillon im westlichen Teil des Dorfes. Er liegt oberhalb des Schwimmbads, unterhalb des Jugendhofs und hieß früher einfach nur Lesehalle. Es ist ein einziger heller Raum, und seine sechs Seiten haben fünf große Fenster, von denen jedes in sechzehn Butzenscheiben unterteilt ist. Es gibt eine mit Fenstern durchbrochene Tür, und oben in der Mitte ragt noch eine kleine sechseckige Spitze mit sechs Oberlichtfenstern aus dem Dach. Er ist ganz aus Holz, außen wie innen, und darin stehen ein paar Stühle und Tische. Dieser Pavillon ist noch ziemlich neu. Die einstige Lesehalle, die aber ganz genauso aussah, wurde irgendwann abgefackelt. Wenn man dort lesen will, muss man sich die Bücher und Zeitungen selbst mitbringen. Manchmal gastiert ein Flohzirkus dort, und ab und zu liest jemand abends Geschichten vor. Doch eigentlich schließt der Pavillon um acht. Das ist schade.

Bei plötzlichen Regenschauern und Stürmen gewährt der sechseckige Raum Schutz und Ruhe. Als Kind wäre ich gern für immer dort einzogen. In meiner hölzernen Bienenwabe wäre ich von Fenster zu Fenster geschritten, und meine schweren Seidenkleider hätten raschelnd den Boden gestreift. Aus den zweiundneunzig Fensterscheiben hätte ich in die Dünen und in den Himmel geschaut, und in jedem Fenster hätte ich andere Wolken gesehen, weiße, schwarze, blaue, goldene, rote, grüne, Wolken in Grau, Lila, Pink und Orange, gezupft, geballt, verschlungen, dicht, locker, in langen Streifen aufgereiht. Rasende Wolken, träge Wolken, zerfranste, fedrige, durchsichtige, opake und die zittrigen Gitterstäbe sich kreuzender Kondensstreifen. Wolken in Form von Ufos, Tieren, Gewässern, Ringen. Gewitterwolken, Sturmwolken, von Sonnenstrahlen durchstoßene Wolken, von Blitzen angestrahlte Wolken und leuchtende Nachtwolken, die so hoch am Himmel stehen, dass sie selbst noch das Licht der nördlichen Polarsonne zurückwerfen können.

Bankgeheimnis

Vor ein paar Jahren beschlossen die Verantwortlichen der Insel, die Parkbänke zu erneuern. Gut platzierte Bänke sind ungemein wichtig. Gern wäre ich als Parkbankbeauftragte im In- und Ausland tätig und würde entscheiden, wo eine Bank hinkommen und wo eine weggenommen werden sollte. Täglich geht man an Bänken vorbei, auf denen nie jemand sitzt oder schläft, liest oder picknickt. Manche Bänke wurden an dicht befahrene Straßen gestellt (von wem nur?), mit Blick auf die Autos, und oftmals ist genau dort nicht nur eine, sondern es stehen gleich vier Bänke auf einmal da und zwingen müden Passanten eine trostlose Aussicht auf. Diese Bänke würde ich gern wegnehmen und an Orte mit Aussichten stellen, auf Hügel und Plätze, vor bunt besprühtem oder profund beschriftetem Beton, an Kanäle und Flussufer, unter Bäume oder wilde Brombeergebüsche. Gerade auf Brücken herrscht oftmals ein bedrückender Mangel an Bänken, ebenso an der Einstiegsstelle meines favorisierten Schlittschuhlaufgebiets.

Auf Spiekeroog stellte nun eine der Banken die notwendigen Bänke zur Verfügung. Geschickt sollte so die Aufmerksamkeit des Kunden auf den Wert einer guten Bank gelenkt werden. Wer wollte, konnte sich für ein paar Hundert Euro eine Plakette auf die Lehne schrauben lassen. Mein Plan war es, meinem Vater zu seinem achtzigsten Geburtstag und zum Andenken an meine wenige Jahre zuvor gestorbene Mutter eine Bank zu schenken, doch die Widmung auf der Plakette erwies sich als kompliziert. Damals, die Aktion war noch neu, war der Text streng vorgegeben, und es musste auf jeden Fall der Name des Stifters darauf stehen. Doch meinen eigenen Namen wollte ich dort ja gerade nicht stehen haben, sondern den meiner toten Mutter zusammen mit dem meines lebendigen Vaters. Die Bank sollte zur Erinnerung an die eine und zugleich ein Geschenk für den anderen sein, und wer es gestiftet hatte, war das Einzige, was nicht erwähnt zu werden brauchte.

Jetzt steht unsere Bank inmitten der Braundünen. Wenn man vom Dorf aus zu ihr gelangen möchte, muss man erst ein Stück durch das Wäldchen von Bi d' Utkiek gehen, welches einst von Insulanerinnen angelegt wurde, um die Gärten vor Flugsand zu schützen. Dann biegt man links in die Dünen auf jenen Pfad, der durch die Gärten führt und im Sommer nach Geißblatt duftet. Der kleine Weg mündet auf Nordertüün, und bevor Nordertüün im Slurpad endet, steht da unsere Bank. Früher haben wir an diesem Abzweig bisweilen innegehalten, um zu überlegen, welchen Weg ins Dorf wir einschlagen wollten – je nachdem, ob wir noch einkaufen oder zur Post gehen oder in das Schaufenster von Swantje Willms starren mussten. Manchmal haben wir uns auch an dieser Stelle getrennt, weil meine Mutter »ganz schnell noch mal eben« irgendwo anders hinlaufen musste. Oder weil mein Vater nicht verstand, wozu man überhaupt in Schaufenster gucken sollte.

Auf der Metallplatte wird nun behauptet, dass meine Mutter und mein Vater aus meinem Heimatdorf diese Bank gestiftet hätten. Genau genommen ist nichts davon wahr, aber so ist es dennoch am besten: Eine gewisse Förmlichkeit war schon immer Schutz und Versteck meiner scheuen, aber auch etwas wilden Mutter. Und jedes Jahr machen wir ein Foto mit der Familie auf der Bank, die alle Omas Bank nennen, obwohl sie ja in Wahrheit Opas ist.

VI. DAS MEER

Schwimmen 4

Sobald das Wasser steigt, läutet die Glocke am DLRG-Häuschen, und damit beginnt die Badezeit. Der Tidenkalender hängt auch an diesem Häuschen, denn die Badezeit bewegt sich jeden Tag eine Dreiviertelstunde nach hinten. Läuft das Wasser nach sieben Uhr abends auf, ist am nächsten Tag wieder ganz früh morgens Badezeit. Kurz vor dem höchsten Punkt der Flut bimmelt es noch mal, das Wasser zieht sich zurück, und die Badezeit ist zu Ende. Bei ablaufendem Wasser ist die Nordsee um Spiekeroog tückisch. Links und rechts des abgegrenzten Badebereichs gibt es starke Strömungen. Jedes Jahr ertrinken dort Leute, und nicht nur alte und schwache, sondern oft gerade solche, die ins Wasser gelaufen sind, um Alte und Schwache zu retten. Ist man zu weit rausgeschwommen und schafft es nicht mehr zurück, lässt man sich am besten treiben und nutzt seine Kräfte, um über Wasser zu bleiben, zu winken und zu schreien. Gegen Gezeiten und Strömung anzukämpfen, ist sinnlos.

Manchmal klappt es, mit der Strömung parallel zum Ufer und in einem sehr weiten Bogen an Land zu schwimmen. Das kostet weniger Kraft, als den geraden Weg zu nehmen. Treibt man dennoch weiter ab, so kann man sich damit trösten, dass es auf der Nordsee viel Verkehr gibt. Die Chancen, gesehen und gerettet zu werden, sind nicht schlecht.

Am Strand knattern die DLRG-Flaggen, die einem bedeuten, dass man bei allzu starkem Wind nicht ins Wasser gehen soll. Tut man es trotzdem, ist man schon nass, bevor man nur bis zu den Waden drinsteht. Bei Sturm brodelt das Meer, es kocht und zischt, und das Wasser erscheint einem wärmer als die Luft, aber nur, weil die Körperteile, die nicht ganz von Wasser bedeckt sind, vom Wind so heruntergekühlt werden, dass sich alles unter der Wasseroberfläche warm anfühlt.

Wenn sich die Wellen hoch auftürmen, dann brüllen sie, beim Brechen donnern sie. Im Wasser kann man kaum laufen, weil die Strömung an den Beinen zerrt. Versucht man, auf einer Stelle zu stehen, spürt man, wie die Strömung einem den Sand unter den Fußsohlen wegfräst. Wenn man in der Brandung das Gleichgewicht verliert, wirbelt man erst eine ganze Zeit lang unter Wasser herum, schürft sich die Haut am Sand auf, taucht verwirrt und atemlos an einer ganz anderen Stelle wieder auf, blind, mit Salzwasser in den Stirnhöhlen. Nur durch Handzeichen kann man sich unterhalten, der Wind reißt einem die Worte vom Mund.

Das Gefährlichste auf Spiekeroog ist das Meer.

Meeressprache

M eer und Sprache sind untrennbar miteinander verbunden, das erkannte auch Thomas Mann in seinem Strandkorb, wo er die »seelische Einheit« von Epik und Meer betont,
von denen eins das Gleichnis des jeweils anderen ist. Allein der
Verlag, der dieses Buch herausbringt und sich ausschließlich
den, wie Heine es nennt, »meerdurchrauschten Seiten« der Lite-
ratur widmet, zeigt diese Einheit Jahr für Jahr aufs Neue. Und
dennoch verspüre ich einen gewissen Unwillen, zu beschreiben,
was es in mir auslöst, am Strand von Spiekeroog zu stehen und
aufs Meer zu schauen, möglichst noch bei Sturm und zu einer
Zeit, wenn niemand sonst da ist. Es erscheint mir gleichzeitig
zu intim und zu abgedroschen. (Ich möchte auch nicht immer
die Meeresbeschreibungen von anderen lesen. Die meisten von
ihnen bereiten mir Unbehagen – ähnlich wie Gemälde, auf denen Gott zu sehen ist: Fast alle Abbildungen bärtiger Greise auf
Wolken gehen mir auf die Nerven.)

Das Meer ist sowohl das, was mich an den Schreibtisch drängt,
als auch das, was ich nicht in Worte fassen kann. Und dies sage
ich, gerade weil ich schon so viel über das sich gegenseitige Be-
dingen und Hervorbringen von Meer und Sprache geschrieben habe und gerade weil ich als Teenager vor allem deshalb

angefangen habe, Gedichte zu schreiben, weil ich das Meer sprachlich zu fassen bekommen wollte. Eines davon heißt »Einwunschfrei«, ist tief empfunden und stammt aus einer Phase, in der ich seitenweise Gedichte von Peter Huchel auswendig lernte. Es beginnt mit den Zeilen »Insel sein / nur den Wind zu Gast« und endet mit der Beobachtung »Möwenschreie / ritzen sich ins / Trommelfell ein«.

Mit meinen Gedichten, die ich zu Hause niemandem zeigte, ging ich zum einzigen Dichter, den ich bis dahin je gesehen hatte. Er hieß Ulli Harth, hielt ab und zu Lesungen in den Dünen ab, und noch immer kommt er jedes Jahr nach Spiekeroog. Ich brauchte ein paar Jahre, bis ich endlich den Mut aufbrachte, diesen Schriftsteller zu fragen, wie man das wird, was er war. Er war sehr freundlich und bot mir an, meine Texte einmal anzuschauen, wenn ich das wollte. Natürlich gab ich sie ihm gleich, und er nahm sich Zeit, die kurzen Gedichte zu lesen. Vorsichtig lobte er ein paar Stellen, ohne gönnerhafte Überschwänglichkeit. Noch heute bin ich ihm dankbar für diese großzügige Ermutigung.

Trotz, oder wahrscheinlich eher wegen, meiner eigenen Meereslyrik glaube ich, dass dem Meer sprachlich gar nicht beizukommen ist, was aber nicht bedeutet, dass man es nicht weiter versuchen sollte.

Auch Heinrich Heine hatte ein gespaltenes Verhältnis zur Meereslyrik, denn die Gedichte seines »Nordseezyklus« fangen oft gefühlvoll an, und genau in dem Moment, da uns schon die Tränen der Rührung in den Augen brennen, bricht das lyrische Ich in kaltes Hohngelächter aus und zeigt mit dem Finger auf uns – und damit natürlich auf sich selbst.

Das schon öfter zitierte Nordseegedicht von Rainer Maria

Rilke, das mir auf Spiekeroog ständig durch den Kopf schwirrt, handelt daher auch weniger vom Meer als von einer Insel.

Als James Joyce nach Beendigung seines Romans *Finnegans Wake* gefragt wurde, was er als Nächstes vorhabe, verkündete er vollmundig, ein Buch »in der Sprache des Meeres« schreiben zu wollen. Er starb, bevor er noch ein einziges Meereswort zu Papier bringen konnte. Allerdings kann man mit Fug und Recht behaupten, dass das Anna-Livia-Plurabelle-Kapitel in *Finnegans Wake* ohnehin schon in Meeressprache verfasst worden ist. Wahrscheinlich jedoch wollte Joyce nur der infamen Frage »Was schreiben Sie als Nächstes?« etwas entgegensetzen. (Meistens hört man diese Frage, wenn man ein Buch beendet hat, über das man nach mühsamer Arbeit und langem, sich selbst aufgenötigtem Schweigen endlich reden möchte. Doch schon zum Zeitpunkt des Erscheinens scheint seine Zeit schon abgelaufen zu sein.) Joyce hätte genauso gut sagen können, er wolle als Nächstes die Biografie Gottes verfassen – und zwar in jener göttlichen Sprache, derer man sich vor dem Einsturz des babylonischen Turms und der daraus folgenden Sprachverwirrung bediente. Und illustriert mit den Bildern vieler bärtiger Wolkengreise.

Es gibt eine ganze Reihe von Lyrik-Anthologien über das Meer, aber oft lese ich ein Gedicht und denke: Wirklich? Das soll das Meer sein? Das ist es, was die Wellen sagen, die Muschel erzählt, der Meerwind herübergetragen haben soll? Ein Konglomerat hübsch klingender Phrasen von jemandem, der sich selbst sehr wichtig zu nehmen scheint? Natürlich ist das unfair, etwas Ähnliches kann man wahrscheinlich über jedes Gedicht sagen. Und nur, weil ich mich selbst in meinen eigenen juvenilen Gedichten sehr wichtig genommen habe, müssen die anderen Dichter es ja nicht auch so gehalten haben.

Sicherlich ist mein Empfinden von Neid geprägt, denn es erscheint mir ungerecht, dass sich das Meer in seiner Pracht nun ausgerechnet diesen Menschen auserwählt hat, um sein Geheimnis preiszugeben und in langen Strophen zu ihm zu sprechen. Warum nicht mich?! Ich halte es mit Friedrich Nietzsche, der in seinem Aphorismus »Im großen Schweigen« höhnisch beklagt, dass das Meer nicht sprechen kann, und, »Ach!«, »welch Malheur«, sein eigenes, ob dieser traurigen Erkenntnis schwellendes Herz »kann leider auch nicht reden!«. Denn natürlich sind wir es, die pausenlos auf das Meer einschwatzen und ihm unsere Gedanken und Gefühle aufdrängen, möglichst in direkter Ansprache wie bei einem Gebet: »Meer, du berührst meine Seele« (so ein Buchtitel aus dem Jahr 2010). Haben solche Autoren einen privaten Zugang zum Strand? Sind Meeresdichter dichter am Meer? Ich kann und will es nicht glauben. Gibt es denn wirklich Menschen, die sagen würden, »das Meer berührt mich nicht, ich bin ausschließlich wegen der Fischbrötchen auf Spiekeroog«? Sicher kommt es auch auf das Fischbrötchen an.

Zum Glück interessiert sich das Meer für niemanden von uns und vor allem nicht für das, was wir zu ihm sagen oder ihm abzulauschen glauben. Das Meer spricht nicht zu uns, und es schreibt auch nicht. Es bleibt diese riesige graugrünbraune, trübe, klare, ruhige, lebendige, brüllende, rauschende, plätschernde, salzige, lebensspendende, lebensbedrohliche, immer gleiche, immer neue Projektionsfläche für Menschen, die das Erhabene und Numinose darin spüren und auf Papier bannen wollen. »Weil du liesest in ihr, was du selber in sie geschrieben (...) / Wähnst du, es fasse dein Geist ahnend die große Natur«, schreibt Friedrich Schiller vor über zweihundert Jahren mit klarem Blick und sanftem Spott, der sich auch gegen ihn selbst richtet. Doch es ist ja nicht schlimm, wenn mein

Geist die große Natur nicht ahnend zu erfassen vermag. Deswegen muss ich ja nicht aufhören, sie zu feiern.

Schiller hat sich stark mit der Natur und dem Dichten über dieselbe auseinandergesetzt. Und viele seiner Gedanken sind immer noch gültig, ja vielleicht aktueller denn je: »Unser Gefühl für Natur«, schreibt er in einem Aufsatz, »gleicht der Empfindung des Kranken für die Gesundheit«. Aber was können wir fühlen und dichten, wenn die Natur selbst erkrankt? Noch dazu an uns? In Zeiten von Müllinseln und wärmer werdenden Ozeanen, Walsterben und Algenpest wird das Meer noch eindringlicher besungen und bedichtet als je zuvor. Doch Verklärung ist immer der Beweis für den Verlust des verklärten Gegenstandes, das gilt für die eigene Schulzeit wie für das Unkraut, das nun, da es zusammen mit den Insekten bald ausgerottet ist, in nostalgischer Zerknirschung »Wildblumen« heißt.

Vielleicht scheue ich vor poetischen Nordseeschilderungen zurück, weil ich damit zugeben würde, dass die Nordsee verloren ist. Und gleichzeitig kann ich aus demselben Grund ohne eine Handvoll bestimmter Meeresgedichte nicht leben. Der vierte Teil von Ingeborg Bachmanns »Lieder von einer Insel« gehört jedenfalls dazu:

> Wenn einer fortgeht, muß er den Hut
> mit den Muscheln, die er sommerüber
> gesammelt hat, ins Meer werfen
> und fahren mit wehendem Haar,
> er muß den Tisch, den er seiner Liebe
> deckte, ins Meer stürzen,
> er muß den Rest des Weins,
> der im Glas blieb, ins Meer schütten,
> er muß den Fischen sein Brot geben

und einen Tropfen Blut ins Meer mischen,
er muß sein Messer gut in die Wellen treiben
und seinen Schuh versenken,
Herz, Anker und Kreuz,
und fahren mit wehendem Haar!
Dann wird er wiederkommen.
Wann?
Frag nicht.

Es wäre schön, wenn mein Kapitel hier zu Ende sein könnte.
Doch ich brauche, gewissermaßen als Sentimentalitätsprophy-
laxe, eine Art Heine'sches Hohngelächter, das mich genau dann
kalt erwischt, wenn ich anfange, mich zu suhlen. Es gibt einen
Satz, der etwas von dem, was ich hier über Meer, Sprache, Sprache des Meeres und romantische Projektion dargestellt habe,
zusammenfasst, und er kommt aus Spiekeroog. Ich weiß nicht,
wer ihn geschrieben hat. Er ist längst verschwunden, und ich
konnte nirgends ein Foto von ihm auftreiben, aber manche werden sich trotzdem an ihn erinnern: Auf einer der Spundmauern
im Westen der Insel wurde irgendwann in den Achtzigern ein
Graffiti gesprüht, das sich über ungefähr zehn Meter erstreckte.
In hohen Großbuchstaben und, wie meine Mutter jedes Mal an-
merkte, ohne Komma stand dort geschrieben:
SAGT EUREN ENKELN ES WAR EINMAL SCHÖN HIER!
DIE NORDSEE
Das Graffiti war typisch für den etwas selbstgerechten An-
klageton der frühen Umweltschützer. Der lässt sich wahrscheinlich nicht vermeiden, wenn man ein Bewusstsein wecken
möchte. Dennoch gefällt mir, dass die Nordsee hier selbst un-
terschrieben hat, und vor allem, dass sie nicht selbstmitleidig
klingt, sondern bei aller Erhabenheit total angepisst.

Über das Finden

Fast alle, die nach Spiekeroog fahren, sind auf der Suche. Die einen suchen Heilung, andere suchen Geschichten, und wieder andere suchen Muscheln. Laut dem *Grimmschen Wörterbuch* von 1854 ist das Verb *finden* nah verwandt mit dem Wort *bitten* und damit nicht weit vom Verb *suchen*, ja, eigentlich sind suchen und finden dasselbe:

> man sagt, *geh hin und suche mir den verlornen schlüssel,* d. i. *find ihn,* fr. ist *allez chercher* und *allez trouver* einerlei, it. *cercare* aufsuchen und finden, einen besuchen, *aller trouver quelqu'un,* sp. *catar* suchen und finden, niemand würde suchen lassen, wenn nicht gefunden werden soll. zugleich aber versteht sich, dasz der fragende etwas erfragt, der forschende erforscht, der nach etwas fahrende es erfährt, der findende also ein wahrnehmender ist (…).

Auch wenn die lexikalische Verwandtschaft heute vielleicht etwas fragwürdig erscheint und sich nach neueren etymologischen Erkenntnissen auch nicht bestätigen lässt, gefällt mir die enge Beziehung von suchen, finden und wahrnehmen aus philosophischer und poetologischer Sicht sehr gut. Nicht nur ist es ermutigend, dass jeder Suche schon das Finden innewohnt. Ja, die Suche selbst ist der Fund, und das, was wir finden, ist am Ende das Suchen. Dieser Gedanke birgt eine existenzielle Tiefe, die gar keines etymologischen Beweises mehr bedarf.

Aus der existenziellen Tiefe der Nordsee heraus wird so manches an den Strand gespült, das zu suchen und zu finden sich lohnt. *Trouver*, das französische Wort für finden, kommt aus dem lateinischen *tropa* und bedeutete ursprünglich »ein Lied oder ein Gedicht finden«. Das Finden hat damit immer eine poetische Dimension. Die Vorstellung, dass Melodien und Verse irgendwo versunken herumliegen und nur darauf warten, in mehrfacher Hinsicht aufgehoben zu werden, ist tröstlich und aufregend zugleich.

Zwei der vier Dinge, die ich schon mein Leben lang leidenschaftlich aufhebe, gibt es auf Spiekeroog. Das, was es *nicht* gibt, sind runde, glatte Meerkiesel und Versteinerungen. Die beiden Dinge, die es gibt und die ich liebe, sind Muscheln und Bernstein.

Muscheln

Wellhornschneckenhäuserfinden ist eine zutiefst beglückende Erfahrung. Noch immer kann ich ein Jauchzen kaum unterdrücken, wenn ich von Weitem die ruhende weibliche Form dieser großen geschwungenen Schnecke zu erkennen glaube. Wellhornschneckenhäuser liegen selten am Flutsaum oder im weichen Sand, sondern vor allem auf den großen kahlen Flächen, die sich bei Ebbe aus dem Wasser heben. Ich freue mich aber auch über die kleineren Schnecken, vor allem Pelikanfüße, Netzreusen und Wendeltreppen mit ihrer auffälligen zweifarbigen Rippenstruktur.

Wellhornschnecken sind selten geworden. Inzwischen weiß ich, dass man ihre Häuser besser nicht mehr einsammelt und wegschleppt, doch ich bin mir nicht sicher, ob ich tatsächlich die Kraft hätte, eine leere Schneckenschale, die ich sommerüber gesammelt hätte, ins Meer zu werfen und zu fahren mit wehendem Haar, wie Ingeborg Bachmann es vorschlägt. Ich müsste mich dazu zwingen, mir vorzustellen, wie Heerscharen von Einsiedlerkrebsen ihre Scheren zum Jubel erheben, wenn ihnen unverhofft ein großes, mehrfach gewundenes Haus, das ich zurück ins Meer geworfen hätte, von oben entgegensänke. Und selbst dann fände ich es noch schwierig. Liegenlassen ginge auf keinen Fall, sonst würde sie jemand anderes mitnehmen, dem die Wohnungsnot der Einsiedlerkrebse weniger am Herzen läge als mir. Und dann hätte lieber ich sie.

Früher ging ich manchmal zu Nanu-Nana und kaufte mir eine dieser Südseeschnecken: einmal eine sehr große mit weißen Stacheln und einer rosa Öffnung, glatt und kühl wie chinesisches Porzellan. Ein andermal erstand ich eine glänzend braune mit Leopardenflecken. Sie sah gar nicht nach Schnecke aus, sondern eher wie eine riesige Käferpuppe. Auf der Unterseite hatte sie jedoch eine längliche Öffnung mit Zacken wie bei einem Reißverschluss, und innen schimmerte sie blau.

Einmal kaufte ich mir sogar eine Wellhornschnecke, sie hatte das transparente Weiß von Milchzahnschmelz und war viel größer als die grauen Wellhornschnecken, die wir damals noch ab und zu am Strand fanden. Sie war außerdem gänzlich unversehrt, die oberste Spitze nur ein Punkt. Ich erzählte allen, ich hätte sie am Strand gefunden, kurz hinter den Strandkörben. Nach ein oder zwei Tagen glaubte ich schließlich selbst daran. Wenn ich sie ans Ohr hielt, hörte ich das Meer rauschen, sogar zu Hause.

Der französische Lyriker Paul Valéry versucht, in seinem Aufsatz »Der Mensch und die Muschel« seine Begeisterung für diese so unscheinbare wie überwältigende Naturerscheinung zu beschreiben und zu begründen. Der Essay selbst windet sich wie ein Schneckenhaus in immer größeren Kreisen um die eigene Mitte und breitet auf zwanzig Seiten in Wunderhorn-Manier naturwissenschaftliche und mathematische Erkenntnisse, poetische Annäherungen und philosophische Schlussfolgerungen aus. Am Ende fragt sich Valéry, ob das Schneckengehäuse nicht eine Art unerreichbares Ideal für jedes Kunstwerk darstelle:

Vielleicht ist das, was wir Vollkommenheit in der Kunst nennen (...), nichts anderes als das Gefühl, in einem menschlichen Werk jene Sicherheit der Ausführung, jene Notwendigkeit inneren Ursprungs und jene gegenseitige unlösliche Verbundenheit zwischen Gestalt und Stoff ersehnt oder gefunden zu haben, welche uns die geringste Schnecke vor Augen führt.

Auch ich bin davon überzeugt, dass wir, die wir uns an der See zwanghaft nach Meeresschneckenhäusern, glatten, runden Steinen und transparentem sowie opakem Bernstein bücken, uns dieser Vision von Schönheit und Vollkommenheit immer wieder aufs Neue vergewissern müssen. Und es ist kein Zufall, dass dies nur am Meer möglich ist. Ja, selbst die Fossilien, die ich am liebsten finde, oder vielmehr fände, sind Ammoniten, also versteinerte Meeresschnecken. Das Besondere an den Versteinerungen ist, dass man Meerestiere in den Bergen findet, Überbleibsel einer Unterwasserwelt, die irgendwann an die Oberfläche gedrängt wurde. Und das Besondere am Bernstein ist, dass man Waldreste im Meer findet, Überbleibsel einer Landschaft, die irgendwann im Ozean versunken ist. Die Muschel wird so zu einem fantastischen Raum, einem utopischen Raum, und es ist nicht verwunderlich, dass sich ausgerechnet der Phänomenologe Gaston Bachelard eben diesen Muschelraum in seiner *Poetik des Raumes* von 1957 näher ansieht. Er schreibt über die Träume, die in Muscheln wohnen, und über traumhafte Wesen, die aus ihnen heraustreten. Botticellis Venus ist vielleicht das schönste Beispiel für so ein Wesen, das aus einer Muschel steigt. Und als ich jüngst im Prado vor Hieronymus Boschs »Garten der Lüste« stand, bemerkte ich auf der mittleren Bildtafel links unten eine bleiche, nackte Person, die eine Miesmu-

schel auf dem Rücken davonträgt, so groß wie ein Zweimann-
zelt. Die Muschel, sie ist leicht geöffnet, wird auch tatsächlich
von zwei nackten Menschen bewohnt. An den hervorschau-
enden Füßen erkennt man, dass sie sich gegenüberliegen. Zudem befinden sich noch drei tennisballgroße Perlen in diesem
Muschelbett, eine davon scheint aus dem nackten Po des rechten Muschelbewohners gefallen zu sein. Wie eigentlich alles in
Boschs Gemälde bleibt diese Szene unklar und, trotz der spür-
baren symbolischen Aufladung, unlesbar. Alle Deutungsversu-
che, wie zum Beispiel die Muschelschalen als Altes und Neues
Testament zu verstehen, als eine flämische Muschelgeburt à la
Botticelli oder mit dem Muschelträger als Christusfigur, über-
zeugen mich nicht. Das ganze Bild hat eine rätselhafte, traum-
artige Qualität, die den Muschelträumen Bachelards gleichen:
groteske Gestalten, die in geheimnisvolle Räume hinein-
geträumt werden. Wie die Miesmuschel auf dem Gemälde öffnen sich Boschs Bilder immer nur einen Spaltbreit: Man sieht
Nackte, man sieht Perlen, aber was wirklich in der Muschel vor-
geht, bleibt verborgen.

Das weiß jeder, der schon einmal eine ganze Muschel am
Strand gefunden hat. Wenn sie nicht geöffnet werden will, dann
wird sie sich durch nichts austricksen lassen (Gewalt ist kein
Trick, Gewalt ist nur Gewalt). Ihre Verschlossenheit und ihr Gewicht sind jedoch wie ein Versprechen. Dass sich die Physiker
beim Erforschen eines hermetisch verschlossenen Raums auf
den gleichen Gott Hermes Trismegistos beziehen wie die an-
tiken Hermetiker auf ihrer geheimen Suche nach Weisheit, erklärt sich beim Anblick einer fest zugeklappten Miesmuschel.
Ein luftdichter Raum ist in den Augen der angeblich so rational
denkenden Naturwissenschaftler demnach so fest verschlossen,
wie es nur ein Geheimnis sein kann. Es ist wahr, Verschlosse-

nes ist von seinem Wesen her rätselhaft, und Rätsel generieren Geschichten. So dachte ich als Kind, dass in den zugeklappten Miesmuscheln ganz sicher Perlen seien, bis mir gesagt wurde, dass es die angeblich nur in Austern gebe. Mit Genugtuung stelle ich fest, dass sich Hieronymus Bosch auch nicht darum geschert hat.

Beim Anblick eines Einsiedlerkrebses, der sich in einer Meeresschnecke niedergelassen hat, bekommt man den Eindruck, dass sich die poetischen Muschel(t)räume Bachelards längst bewahrheitet haben. Zu Tausenden hausen die kleinen Eremiten bei Ebbe in den warmen, flachen Prielen, flitzen im spitzen Seitwärtsgang über den schlickigen Boden, und wenn man sie hochnimmt, ziehen sie sich in ihr geliehenes Schneckenhaus zurück, bis sie gar nicht mehr zu sehen sind. Einige schaffen es kaum noch, die linke Schere mit ins Gehäuse zu ziehen; die müssen zusehen, dass sie bald eine geräumigere Schnecke finden. Ich frage mich, ob schon viele der ganz großen Einsiedlerkrebse in den Sandbänken um Spiekeroog aufgrund des Häusermangels sterben mussten. Töten die Krebse die Schnecken, in denen sie gerne wohnen möchten? Wachsen die Krebse erst nach dem Umzug in einen größeren Raum? Ähnlich wie Koikarpfen, deren Körpergröße von den Ausmaßen ihres Fischbeckens abhängt und die bei beengtem Platz aufhören zu wachsen? Und was ist überhaupt los mit den Wellhornschnecken? Sie sind nämlich schon fast ausgestorben. Natürlich sind wir Menschen daran schuld: Eine Farbe für den Schutzanstrich von Schiffen enthält die Chemikalie Tributylzinn. Sie bewirkt, dass den weiblichen Wellhornschnecken männliche Geschlechtsorgane wachsen. Diese zwittrigen Schnecken können aber keine Eier mehr legen. Die Wellhornschnecken sterben aus, und damit haben auch die Einsiedlerkrebse kaum mehr die Möglichkeit, groß und alt zu werden, und allen, die sich von Wellhornschnecken und Einsiedlerkrebsen ernähren, geht es auch nicht mehr gut. Und das alles nur, damit unsere Schiffe schön geschützt sind. Mittlerweile ist das Zeug zwar in vielen Ländern verboten, aber das heißt ja nicht, dass keiner mehr damit herumfährt.

Meine Trauer über das Fortbleiben der Wellhornschnecken am Strand von Spiekeroog ist tief und echt. Hingegen ist mein Bedauern, keine großen Schneckenhäuser mehr zu finden, eine eher fragwürdige Empfindung: Letztlich freue ich mich beim Sammeln einer Muschel über eine tote Molluske, durch deren erstarrte Hülle ich das Meer hören kann, in dem sie selbst schon lange nicht mehr lebt.

Doch vielleicht liegt gerade in dieser makabren Paradoxie auch die poetische Bildkraft der Wellhornschnecke. Vielleicht hat sie ja eine Art Symboltransformator-Funktion: So wie das Meer, das wir in der Muschel hören, nicht in der Muschel ist, sondern nur im Kopf des Lauschenden, der das Meeresrauschen in seine Umweltgeräusche projiziert, so ist auch die Bedeutung der Worte nicht in den Buchstaben selbst, sondern im Kopf des Lesenden, der seine Bilder in die Wörter projiziert. Beides bedingt sich gegenseitig, denn nur der, der sich vorstellen kann, wie das Meer klingt, vermag es auch in einer Muschel zu hören.

In dunkleren Stunden, vor allem, wenn gerade ein paar Container mit Chemikalien in der Nordsee über Bord gegangen sind, wenn Japan ankündigt, den kommerziellen Walfang wiederaufzunehmen, oder einfach nur, wenn wieder eine Meeresschildkröte an einer Mikroplastikvergiftung verreckt ist, frage ich mich, ob man den Ozean bald nur noch in Muscheln hören wird. In leblosen Kalkhülsen, die auf trockenen Bücherregalen menschlicher Behausungen liegen und, ans Ohr gehalten, nur die Geräusche der Umgebung dämpfen und verzerren.

Die meisten Nordseemuscheln rauschen nicht, sie rascheln, knirschen, klirren und knacken, wenn man durch sie hindurchwatet. »Schill«, so lautet das Wort für zerbrochene Muschelschalen, und es klingt genauso wie das, was es ist: Watet man zu Fuß durch Schill, so schallt es schrill, fast schellend, unterm Schuh. Tatsächlich war, bevor die Insulaner vom Tourismus lebten, der Verkauf von Schill eine der Haupteinnahmequellen für Spiekerooger. Muschelkalk war ein begehrter Rohstoff für Zement, er wurde zwischen die Gleise der Eisenbahn gekippt oder beim Straßenbau verwendet. (Und selbst das Wort »Kalk« hört sich an wie das Geräusch, das entsteht, wenn man Muscheln beim Strandspaziergang unter den Sohlen zerknackt.)

Nicht alle Muscheln scheinen zu verschwinden. Die vielen Herz- und Schwertmuscheln, die Bohr-, Trog- und Tellmuscheln, die Mies-, Platt- und Klaffmuscheln oder die, die wir als Kinder »Sägezahn-Muscheln« nannten, sind zum Glück nicht seltener geworden. Sie legen sich wie ein großes Band bei ablaufendem Wasser an den Strand und sind auf bescheidenere Weise ebenso bemerkenswert wie die gezwirbelten Schnecken: Da ist das weiche, ölig schillernde Perlmutt im Inneren der Miesmuschel, die hübschen Rosatöne der platten Tellmuschel, die zerbrechlichen Flügel der Bohrmuschel – all die Formen und Farben, das Gezackte, Gewellte, Geriffelte. Äußeres und Inneres, Raues und Glattes. Denn Kalk ist nicht gleich Kalk. Der Kalk von Muschelschalen besteht aus den Kristallen Aragonit beziehungsweise Calcit, beides Calciumcarbonate, die mit einem muschelspezifischen Kitt zusammengehalten und geformt werden. Dieser

Kitt, das sogenannte Conchyn, ist eine komplexe chemische Substanz aus Faserproteinen und Aminosäuren, aus Vielfachzuckern, vor allem Chitin, sowie aus asparaginsäurehaltigen Glyptoproteinen. Das weiche Muscheltier sondert also diese einzigartige Eiweiß-Kristall-Paste aus einer Hautfalte ab. Sie wird ähnlich hart wie Knochen, aber etwas elastischer. Die Kristalle, die das Weichtier in seinem Gehäuse verbaut, sind so beschaffen, dass sie immer weiterwachsen, also selbst dann noch, wenn sie längst Teil der Schale geworden sind. So nutzt die Molluske die Prinzipien der Physik für ihre eigenen Zwecke, und die Schale wird ohne großes Zutun langsam immer dicker und härter.

Das Weichste ist im Härtesten verborgen.

Klappt sich eine Herzmuschel zu, denn davon gibt es auf Spiekeroog am meisten, so rasten die zahnförmigen Rillen am Rand ineinander. Mit ihrem dehnbaren Schlossband kann sie sich öffnen und schließen, wie es ihr gerade passt. So ist sie bei aller Verletzlichkeit doch geschützt – zumindest vor Artgenossen.

Doch nicht vor allen: Es gibt eine fleischfressende Raubschnecke (jawohl, Raubschnecke!), die sogenannte Mondschnecke, die sich vor allem von Muschelfleisch ernährt. Da sie sehr langsam ist, kann sie nur Tiere fressen, die noch langsamer sind als sie. Sie saugt sich an einer geschlossenen Muschel fest, und mit ihrer Raspelzunge leckt sie so lange an der Schale, bis dort ein rundes, trichterförmiges Loch entstanden ist. Durch das Loch tötet sie die Molluske, die Muschelhälften klappen auf, und die Schnecke hat freien Zugriff auf das zarte Fleisch.

Diese Mondschnecke scheint nicht besonders empfindlich auf Meeresverschmutzung zu reagieren. Es liegen mittlerweile nämlich sehr viele Muscheln am Strand, die so ein kleines Bohrloch besitzen. Meiner Meinung nach mehr als früher. Oder vielleicht sind die Mondschnecken ja durch irgendeine andere Chemikalie fruchtbarer geworden. Die Vorstellung ist mir ebenso unheimlich wie die Massen einsamer, zu Männchen mutierter Wellhornschnecken.

Die gelochten Muscheln kann man sammeln und sich dann ein paar orange oder blaue Fasern von diesen Schiffstauen suchen, die im Sand liegen und nicht vergammeln, weil sie aus Plastik sind.

Bei schlechtem Wetter sitzen wir also im Strandkorb und knüpfen Muschelketten: Wir drehen oder ziehen die einzelnen Fasern aus dem Taustück und fädeln damit die gelochten Muscheln auf. Nach jeder Muschel kommt ein Knoten. Es folgt, mit etwas Abstand, die nächste Muschel, wieder ein Knoten, wieder eine Muschel und immer so weiter, bis der Faden voll ist. Wir knoten auch mal ein Stück Treibholz, getrocknete Gräser, Vogelfedern oder die gewundene Scherbe einer Schneckenspindel mit ein, alles, was das Meer gerade hergibt. Die Ketten hängen wir außen an den Strandkorb, dann klirren, schellen, schillern, klappern, klackern, kalken sie im Wind, zerbrechen aber fast nie.

Bernstein

Meine ganze Kindheit und Jugend hindurch hatte ich den dringenden Wunsch, einmal ein wirklich großes Stück Bernstein zu finden. Ich weiß nicht genau, wofür dieser Wunsch stand. Ob ich durch einen Schatzfund meinem faden, geheimnislosen Dasein etwas Märchenhaftes beizumengen versuchte? Vielleicht wollte ich aber auch einfach nur wirklich gern einen großen Bernstein finden. Jedenfalls brannte mein Wunsch so heiß, dass ich mich noch heute daran erinnere, wie ich eines Nachts träumte, ich hätte einen kindskopfgroßen – ja, das Wort *kindskopfgroß* tauchte in meinem Traum auf – Bernsteinbrocken gefunden. Die Erschütterung war unermesslich, als ich aufwachend merkte, dass es nur ein Traum gewesen war! Ein schmerzhafter und unvergessener Moment.

Schon im Namen Bernstein ist das alte Wort für »brennen« enthalten, (im Englischen *burn* kann man es noch deutlicher hören). Denn anders als die meisten Steine kann Bernstein tatsächlich Feuer fangen. Natürlich ist er überhaupt kein Stein, sondern ein fossiles Baumharz, das in verschiedenen Kulturen auch zum Verbrennen genutzt wird. Nicht etwa, um zu heizen, sondern vielmehr wegen des harzigen Geruchs, der dabei entsteht. So wird es zum Beispiel heute noch bei Weihrauch gemacht, der ja auch ein Harz ist. Auf Griechisch heißt der Bernstein »Elektron«, aber sein Name rührt nicht daher, dass er sich so leicht elektrostatisch auflädt, sondern umgekehrt: Weil er sich so leicht elektrostatisch auflädt, wurden das Elektron und die Elektrizität nach dem Bernstein benannt. So oder so: Bei mir brannte jedenfalls nicht der Bernstein, sondern ich für ihn.

Was für Heinrich von Ofterdingen die blaue Blume ist, das war für mich der Bernstein: ein kostbares Naturding, das irgendwo auf mich wartete, träumend, im Verborgenen, und doch konnte ich es nicht finden, sosehr ich auch suchte. Es wurde zum Dingsymbol meiner Sehnsucht nach Poesie, Magie, Unsterblichkeit und einem submarinen Paralleluniversum. Ich suchte und suchte. Allein, es war vergebens. Bald erfuhr ich, dass es Menschen gab, die ihr Leben ganz der Suche nach einem verlorenen Bernsteinzimmer widmeten. Ich fühlte mich diesen Menschen gleich verbunden und stellte mir vor, dass alle Bernsteine der Nordsee aus diesem Zimmer stammten. Erst viel später begriff ich, dass es sich bei dem Bernsteinzimmer nicht um einen geheimnisvollen Palast am Meeresgrund handelte, sondern lediglich um die protzige Inneneinrichtung eines Schlosses, das von den Nazis geplündert worden war. Eine herbe Ernüchterung. Doch zu einer vollkommenen Entzauberung des Bernsteins ist es trotzdem nie gekommen.

Ich ging auch in den Ferien schon morgens mit klopfendem Herzen an den Strand, um die Felder von abgerundeten schwarzen Holzstückchen zu durchwühlen. Dort, in diesem Sprockholz, soll sich der Bernstein befinden, das sagen alle. Der griechische Geograf und Entdecker Pytheas von Massalia nannte die Friesischen Inseln nicht ohne Grund die »Elektriden«. Doch außer ein paar Mikrokrümeln, die ich hütete, als wären sie die wesentlichen Platten jener verschollenen Inneneinrichtung, fand ich nichts, gar nichts. Meistens waren die schwarzen Holzstückchenfelder schon durchwühlt von Leuten, die noch früher wach waren als ich, die sich nicht eincremen, zu Mittag essen oder das Sportabzeichen machen mussten. Jahrelang bin ich nach Spiekeroog gefahren, und jeden Sommer, Herbst oder Winter war ich davon überzeugt, dieses Jahr den *kindskopfgroßen* Bernstein zu finden. Wenn mein Mut und mein Elan zu schwinden drohten, ging ich ins Inselmuseum und schaute mir die Bernsteinklötze an, die auf der Insel schon gefunden worden waren. Beim Anblick der dunkelgelben, braun-orangen, weißlichen, grünlichen, rötlichen, schwärzlichen und goldenen Brocken schöpfte ich wieder Kraft und Zuversicht.

Das Spenden von Kraft und Zuversicht ist übrigens genau das, was Plinius der Ältere dem Bernstein zuspricht. Noch heute hängen viele Menschen ihren Kindern und Hunden Bernsteinketten um den Hals, um ihnen das Zahnen zu erleichtern. Im *Handwörterbuch des deutschen Aberglaubens* von Hanns Bächtold-Stäubli steht, dass Bernstein gut sei gegen das »Reißen und Ziehen in den Gliedern«, gegen Gelbsucht, Dämonen, Kopfweh, Herzzittern, Halsschmerzen, Verstopfung und »Beschreiung«. Zudem zeigten Sagen des Samlandes, Pommerns und Mecklenburgs, »wie der B. die Phantasie des fabulierenden Volks anregte.«

Das sogenannte fabulierende Volk liebte also den Bernstein. War ich damit womöglich Teil dieses fabulierenden Volkes? Etwas Ähnliches hatten mir Leute schon von meiner frühsten Kindheit an versichert, bloß weniger freundlich formuliert. In den *Metamorphosen* fabuliert Ovid darüber, wie sich, nach dem Unfalltod des jungen Phaeton, dessen drei Schwestern vor lauter Schmerz und Trauer in Bäume verwandeln. Ihre Mutter versucht noch, die Zweige wegzureißen und mit den Fingernägeln die Rinde von der Haut ihrer Töchter zu schälen, aber damit verletzt sie sie nur. Längst ist das Schicksal der Mädchen besiegelt und ihre Verwandlung nicht mehr aufzuhalten. Alle weinen um Phaeton, aus Angst vor der neuen Gestalt und um alles, was sie einst hatten und liebten. Und während sich die Rinde über den Mündern der Mädchen schließt, dringen doch immer noch ihre Tränen heraus und »erstarren vom jungen Gezweige tropfend am sonnigen Strahle zu Bernstein«. Bernstein ist also ein Zwischenprodukt aus Pflanzlichem und Göttlichem, denn die drei Schwestern sind die Töchter des Sonnengottes Helios.

Es gab eine Frau auf der Insel, die Norwegerpullover strickte. Meine Mutter bestellte bei ihr sowohl für meinen Bruder als auch für mich jeweils einen dicken Pulli. Sie waren dunkelbraun, hellbraun und wollweiß. Zur Anprobe mussten wir in ihr kleines Haus im westlichen Teil des Dorfes kommen. Mein Bruder und ich gingen mit dem größten Eifer dorthin, nicht wegen der Pullover, sondern wegen der Bernsteine: Massen von Bernsteinen standen in klaren Einmachgläsern überall im Wohnzimmer und funkelten und zwinkerten uns zu. Manche waren nicht im Glas, sondern lagen lose auf den Fensterbänken, weil sie zu groß für die Öffnungen der Gläser waren. ZU GROSS! Ich konnte es nicht fassen. Wir nannten diese Frau die »Bernsteindame«, und einmal bekamen mein Bruder und ich sogar einen Bernstein geschenkt, den wir selbst aus dem Glas nehmen durften – als wäre es die Bonbondose im Milchladen bei uns zu Hause. Zwar war es nur das Glas mit den kleinen Bernsteinen, aber er war immer noch jahrzehntelang der größte Bernstein meiner Sammlung.

Ich gestehe, dass ich im Laufe weniger Jahre, vielleicht waren es auch nur ein paar Monate, meine Erinnerung an das Geschenk der Bernsteindame so weit verdrängt hatte, dass ich mir irgendwann einbildete, diesen milchig dunkelgelben, ungefähr zwei Zentimeter langen Bernstein selbst gefunden zu haben. Meine Erinnerung ordnete sich auch schon damals gern meinem Begehren unter, und ich glaubte sogar, wieder genau zu wissen, wie es sich angefühlt hatte, dieses eine Stück aus dem abfließenden Meerwasser zu fischen.

Vor drei Jahren, als ich die Hoffnung schon aufgegeben hatte, jemals etwas Spektaktuläreres zu finden als reiskorngroße Splitter, die meistens schon beim Einstecken, spätestens aber beim Rausholen fortwehten, war es schließlich so weit. Doch eigentlich war es längst zu spät: Ich träumte schon eine ganze Weile nicht mehr von den kindskopfgroßen Stücken, und der Feuereifer meiner Kinder, auf deren Schultern ich meine große Lebenssuche abzuwälzen trachtete, war auch schon fast erloschen. Als sie noch klein waren, hatten wir versucht, mindestens einmal pro Sommer in den Osten der Insel zu gehen, wo unserer Vorstellung nach der Bernstein in Hülle und Fülle herumlag. Wir hatten kleine Rucksäcke mit Proviant dabei und riesige Taschen für die Bernsteine. Aber wir haben es nicht ein einziges Mal bis zum Wrack der *Verona* geschafft. Irgendwem tat immer das Bein weh, war langweilig oder kalt. Oder es schüttete, stürmte und wehte uns spitze Sandkörner in die Augen. Jedenfalls sind wir immer umgekehrt, lange bevor noch die flachen Mulden mit dem Sprockholz in Sicht waren. Als die Kinder älter wurden, merkten sie, dass sie den Bernstein vielleicht doch nicht so dringend brauchten, um glücklich zu sein. Und da auf Spiekeroog jeder machen kann, was er will, gingen sie bald lieber zum Schlagballtraining oder Einradfahren und ließen mich auf meinen täglichen Gängen zum Wrack allein.

Das war mir nicht unrecht, ich hatte ohnehin keine Lust auf Taschen und Rucksäcke, sondern schlenkerte gern beim Ausschreiten die Arme und dachte darüber nach, dass die Strände der Steinzeit angeblich mit Bernstein übersät gewesen waren. Die Menschen mussten sich wirklich nur bücken und das Zeug einsammeln. Später, in der Antike, wurde er seltener und damit wertvoller. Es gibt sogenannte Bernsteinstraßen, Handelswege von der Ostsee bis nach Rom und von Hamburg nach Marseille, auf denen der Bernstein für Tauschgeschäfte transportiert wurde.

Auf meinen eigenen Bernsteinwegen vom Strandkorb zum Wrack sah ich Herrn Boosmann oft schon von Weitem. Ich erkannte ihn an den Wanderstöcken. Meistens kam er zurück, wenn ich noch auf dem Hinweg war. Herr Boosmann kreuzte erst hinter der Hermann-Lietz-Schule auf den Strand und hatte dadurch immer einen Vorsprung. Wenn wir abends in seinem Restaurant zum Essen gingen, zeigte er uns manchmal seine Ausbeute, und meine Kinder und ich bewunderten sie aus vollem Herzen, aber auch mit einer gewissen Verzweiflung. Nach dem Essen fragten mich die Kinder, wieso ich nicht auch mal so was mit nach Hause brächte, ich ginge doch schließlich oft genug zum Wrack.

Meine Verzweiflung wuchs – eben bis zu jenem Tag, an dem Herr Boosmann wahrscheinlich Besorgungen auf dem Festland machen musste. Zunächst bemerkte ich gar nicht, dass es keine anderen Fußspuren im Sand gab und die Holzfelder noch ganz unberührt waren. Ja, eigentlich suchte ich gar nicht mehr. Ich ließ nur aus Gewohnheit meine Augen über die schwarzen Flächen schweifen. Und plötzlich lag obenauf ein großer gelber Brocken; ich sah ihn und wusste sofort, was es war. Ein kurzer Schrei entfuhr mir. Eigentlich jauchze, lache oder schreie ich nicht, wenn ich allein bin. Dieses eine Mal tat ich es aber doch. Das Stück war nicht kindskopfgroß, nicht einmal katzenkopfgroß, vielleicht noch am ehesten eichhörnchenkopfgroß, also wie der Kopf von einem kleinen, zierlichen Eichhörnchen. Doch in meinen Augen ist es perfekt: honiggelb und opak und mit mehreren ganz glatt polierten Seiten. Ich fand sogar noch zwei kleinere, ganz hellgelbe, klar und milchig gemischt, in der Größe von weißem Kandis, wobei natürlich auch diese viel größer waren als das, wofür ich mich sonst bückte. Die Bernsteine lagen wirklich obenauf, keiner von ihnen war im Sprockholz versteckt. Seitdem stochere ich auch nicht mehr darin herum, sondern lasse nur noch meinen Blick darübergleiten.

Auch wenn viele Bernsteine einfach im Sand liegen, so weiß doch jeder Suchende, dass das schwarze Holz ein guter Anlaufpunkt ist. Ich frage mich, was das genau für ein Holz ist. Es kann ja kaum so alt sein wie der Bernstein, der einst in einem Bernsteinwald von einem Bernsteinbaum getropft ist. Oder doch? Tatsächlich weiß man bis heute nicht genau, von welchem Baum das Bernsteinharz geflossen ist. Man vermutet, dass es eine Pinie war, aber welche Art von Pinie, ist unbekannt. Der Baum ist ausgestorben. Ausgestorben sind auch manche der Pflanzen und Tierchen, die im Harz eingeschlossen sind und sich von dort aus in unsere Träume und Phobien schleichen. In der Bernsteinkette meiner Großmutter war eine Fliege, die sie mir immer und immer wieder zeigen musste. Sie faszinierte und gruselte mich gleichermaßen. Die Grundlage des Films *Jurassic Park* ist ein Bernstein. In ihm ist eine ausgestorbene Mücke eingeschlossen, die zuvor ein paar Dinosaurier gestochen hat. Die DNA des Saurierbluts im Körper der Mücke in der Umhüllung des Bernsteins kann extrahiert werden, und was dann geschieht, ist Filmgeschichte. Warum man aus Bernstein mit Tiereinschlüssen Schmuck machen musste, erschien mir bei aller Faszination immer etwas barbarisch. Warum nicht gleich eine Schrumpfkopfbrosche an den Mantelkragen heften? Und dennoch bat ich meine Großmutter immer und immer wieder darum, mir die Kette zu zeigen.

Noch Tage nachdem ich den eichhörnchenkopfgroßen Bernstein am Strand gefunden hatte, nahm ich ihn mit zum Strand. Und wenn ich allein war, warf ich ihn ein paar Schrittlängen vor mir in den Sand. So spielte ich nach, wie es sich anfühlte, ihn zu finden. Und ich muss sagen, es war jedes Mal ein Fest.

Seesterne und Quallen

E s war tiefe Ebbe«, schreibt der Philosoph Karl Jaspers in einem kurzen Selbstporträt, in dem er seine erste Meereserfahrung schildert. Er ist gerade auf einer ostfriesischen Insel:

> ... der Weg über den frischen reinen Sand war sehr lang bis
> ans Wasser. Da lagen die Quallen, die Seesterne, Zeichen des
> Geheimnisses der Meerestiefe. Ich war wie verzaubert, habe
> nicht darüber nachgedacht. Die Unendlichkeit habe ich damals unreflektiert erfahren. Seitdem ist mir das Meer wie der
> selbstverständliche Hintergrund des Lebens überhaupt. Das
> Meer ist die anschauliche Gegenwart des Unendlichen.

Quallen und Seesterne als Zeichen der Geheimnisse der Meerestiefe? Ja, das ist wahr – selbst wenn man sich, wie Jaspers, auf Norderney und nicht auf Spiekeroog aufhält. Bestimmt sind Norderneys Quallen und Seesterne mit den Spiekerooger Quallen und Seesternen verwandt, und vielleicht kommen sie im Laufe ihres Lebens sogar an beiden Inseln vorbei: Sehr schnelle Seesternarten können bis zu 75 Zentimeter pro Minute zurücklegen, die langsamen allerdings nur fünf Zentimeter. Der Stachelhäuter muss also nur heil an Baltrum und Langeoog vorbeikommen, dann hätte er es geschafft. (Von der Strömung her betrachtet, sollte er lieber von Norderney aus losgehen: Die Ostfriesischen Inseln werden eher von Westen nach Osten geschwemmt.)

Seesterne rühren mich in ihrer Fremdheit, ihrer hilflosen Schönheit. Mit ihren zungenartigen Armen und den winzigen Füßen dran, mit ihrer orangen Färbung, ihrer Kopflosigkeit, ihrer Schweigsamkeit, ja, sie erscheinen mir noch stummer als Fische, die ein unentwegt blubberndes Maul und so etwas wie beredte Augen haben. Gänzlich blind sind Seesterne jedoch nicht: An jeder Armspitze sitzt ein Punktauge, das hell und dunkel unterscheiden kann.

Doch vor allem rührt mich ihr Name. Im Wort *Seestern* liegen »die Geheimnisse der Meerestiefe«, wie Jaspers es nennt, schon verborgen. Es kommt mir so vor, als hätten sich am dritten oder vierten Tag der Schöpfung, als noch nicht alles endgültig an seinem Platz war, ein paar Sterne bei ruhiger See im Meer gespiegelt, ihr leicht verzerrtes, schaukelndes Abbild wäre sodann abgesunken und hätte sich am Grund des Meeres langsam zu einem dreidimensionalen Lebewesen entwickelt.

Auf dem Grunde der Nordsee lebt eine vergleichsweise große Art, die angeblich einen Durchmesser von fünfzig Zentimetern erreichen kann. So einen Seestern habe ich aber noch nie gesehen. Erwachsene Seesterne haben einen Durchmesser von ungefähr zwanzig Zentimetern und sind dann schon fünf Jahre alt. Im Winter, wenn es weniger zu essen gibt, können Seesterne aber auch wieder »zurückwachsen«, also schrumpfen. Und ähnlich wie die Spiekerooger Fasane schmecken Seesterne fast keinem. *Fast* keinem, wohlgemerkt: Außer von Eiderenten und Möwen werden sie nicht gern gefressen, aber eine Möwe zum Fressfeind zu haben, ist auf Spiekeroog nicht unbedingt ein Hauptgewinn. Wenn die Möwe den Seestern aus dem Wasser fischt, hat er noch eine letzte verzweifelte Möglichkeit, sich zu retten: Ein abgebissener oder abgeklemmter Arm kann nämlich wieder nachwachsen. Auf diese besondere Eigenschaft spielt Hilde Domin an, wenn sie in ihrem Gedicht »Wen es trifft« schreibt:

> Keine Katze mit sieben Leben,
> keine Eidechse und kein Seestern,
> denen das verlorene Glied
> nachwächst,
> kein zerschnittener Wurm
> ist so zäh wie der Mensch,
> den man in die Sonne
> von Liebe und Hoffnung legt.

Für den Seestern ist eine »Sonne von Liebe und Hoffnung« jedoch nicht so wichtig wie ein Meer von Muscheln und Krebstieren. Vor allem Muscheln isst der Seestern gerne. Dafür ist es gut, dass er seinen Magen nach außen stülpen und sofort mit der Verdauung beginnen kann. Das ist zwar nicht besonders poetisch, aber ungemein praktisch. Wenn er also mit erstaunlicher Kraft eine Muschel auseinandergezogen hat, schiebt er gleich seinen Magen in den Spalt und beginnt mit der Verarbeitung des Fleisches, so kann er es leicht einsaugen.

Trotz ihrer Zähigkeit treffe ich die meisten Seesterne erst an, wenn sie schon aufgegeben haben. Im Flutsaum am Strand liegen oft sehr kleine beigefarbene Tierchen. Leider sind es in den letzten Jahren mehr geworden. An manchen Küsten liegen die Seesternleichen in riesigen, stinkenden Haufen am Strand, und man sagt, das komme von den Wassertemperaturen: Die Winter sind zunächst so warm, dass die Seesterne nicht in die tiefen, frostsicheren Gegenden abtauchen. Wenn die flachen Gebiete dann doch irgendwann zufrieren, sterben die Seesterne sofort. Es ist nicht zu erwarten, dass die kommenden Jahre kühler werden – hoffentlich schaffen es die Tiere rechtzeitig ins Tiefe.

Wer es jedoch immer wieder schafft, trotz veränderter Witterung und fortschreitender Meeresverschmutzung, stärker und zahlreicher zu werden, das ist die Qualle. In den vergangenen Jahren strandete auf Spiekeroog und Wangerooge eine gewaltige Masse von Ohrenquallen. Natürlich hat so etwas auch mit zufälligen Faktoren wie unerwarteten Winden und einer ungewöhnlichen Strömung zu tun, aber es ist klar, dass die Qualle besonders gern dort lebt, wo alles andere stirbt. Das ist nicht das »Geheimnis der Meerestiefe«, von dem Karl Jaspers spricht, es ist vielmehr eine Tatsache der Meerestiefe, nur möchten wir sie gern vor uns selbst geheim halten, jedenfalls muss ich mich bisweilen dazu zwingen, meine Augen dafür nicht nur halb offen zu halten.

Die Qualle profitiert von all dem Schrott, der auf dem Grund des Meeres liegt: Bohrtürme und Offshore-Parks, Gerümpel von Schiffen, Container, Netze, ins Meer entsorgter Müll, denn je mehr harte Teile im Meer sind, desto besser kann sich der Polyp, aus dem sich die Qualle bildet, darauf niederlassen. Die Polypen, anders als zum Beispiel Larven, sterben bei diesem Vorgang nicht ab, sondern können weitere Generationen von Quallen hervorbringen. Gibt es immer mehr Polypen, weil sie fast überall im Meer einen Halt finden, so gibt es auch mehr Quallen. Zum Zweiten liegt die Quallenschwemme an der Überfischung der Meere. Je weniger Fische im Wasser, desto mehr Nahrung bleibt für die Quallen, desto mehr Quallen gibt es. Und drittens kommt noch die Überdüngung der Meere hinzu: Je mehr Dünger im Wasser, desto mehr Algen, desto mehr Bakterien, die diese Algen am Meeresboden zersetzen, desto weniger Sauerstoff, desto weniger Fische, desto mehr Quallen.

Quallen sind Zwischenwesen: Zivilisationsschmarotzer und Indikatoren unserer Verschmutzungen. Sie stechen und brennen, und keiner weiß genau, warum ein so wenig nahrhaftes Tier bewaffnet ist, als müsse es täglich Schwärme von gierigsten Raubsäugern abwimmeln. Für wen ist das Gift der Nesselqualle eigentlich gedacht? Alle echten Fressfeinde dieser Qualle wären schon mit viel weniger außer Gefecht gesetzt. Die Möglichkeit zum Overkill, die bestimmte Quallenarten haben und nutzen, erinnert an die Massenvernichtungswaffen politischer Großmächte, die nicht nur die gesamte Menschheit umbringen können, sondern die gesamte Menschheit mindestens hundert Mal. Und alles andere natürlich auch, sogar Schaben.

In ihrem Buch *Stung!* beschreibt die Biologin Lisa-Ann Gershwin, wie neuerdings immer öfter Quallenschwärme zu Katastrophen führen, sie verstopfen Staudämme, sabotieren Kühlungssysteme von Kernkraftwerken, legen Schiffe lahm und zwingen uns, nicht länger wegzuschauen. Sie erscheinen fast wie Vorboten einer Apokalypse, auf jeden Fall sind sie eine Warnung, ob eine letzte, weiß ich nicht, aber wahrscheinlich sollte man es nicht darauf ankommen lassen.

Und dennoch: Es gibt nur wenige Lebewesen, deren überirdische, unterseeische Schönheit mich so fasziniert wie die der Qualle in ihrer beweglichen Transparenz. Ihre flügelschlagende Fortbewegung, ihr Aufblasen und Zusammenziehen erinnert an einen kosmischen Atem, der, zu Gallertmasse geronnen, durch die Meere strömt. Ihre strenge Symmetrie, die geheimnisvollen Zeichnungen und schimmernden Innereien, die prächtigen

Formen und aquarelligen Farben haben etwas geradezu Hypnotisches. Es passt, dass die Qualle mit wissenschaftlichem Namen »Medusa« heißt, benannt nach jener schlangenhäuptigen Gorgone, Tochter des Meergreises Phorkys und Keto, einer Göttin in Walfischgestalt. Denn wer die Medusa anschaut, wird zu Stein.

Bei mir führt auch das lange Verweilen vor Quallenaquarien zum Vergessen der Zeit, ja, ich falle in einen geradezu tranceartigen Versteinerungszustand. In Günter Grass' Roman *Die Rättin* erforscht eine Meeresbiologin in der Ostsee das Vorkommen von Quallenchören, die in der Mitte des Buches auch tatsächlich erschallen. Das Bild eines Chores aus Ohrenquallen, lat. *Aurelia aurita*, bin ich nach der Lektüre im Wintersemester 1986 nie mehr losgeworden:

> die Meereskundlerin (...) hört, (...) dass die Aurelien ein Geräusch, nein, einen Ton von sich geben, der, tiefer gestimmt als das Singen über der See, dennoch chorisch zum Gesang schwillt und sogar überm Motorengeräusch auf Deck gehört werden kann (...).
>
> Aurelia aurita, die Schöngezeichnete, deren lappige Mitte von einem blauvioletten Kleeblatt vierblättrig stigmatisiert ist, kann singen. Sie, die durchsichtig astralen, mit der See atmenden, in Schwärmen wandernden, als Plage verfluchten Medusen (...) singen trotz schlaffer Velarlappen: ein schwellender, in Höhen zitternder, in tiefen Lagen orgelnder Ton.

Die Quallen bei Grass klingen so, wie sie sich bewegen: schwellend und zitternd. Auf Strandgängen halte ich inne und schaue lange auf stumm schrumpfende und still verdunstete Aurelien und Kompassquallen. In ihrem Anblick liegt immer auch ein metaphysisches Moment: Nachdem sich der zu neunzig Prozent aus Wasser bestehende Quallenkörper in Luft aufgelöst hat, bleiben seine blauvioletten Ringe und rostroten Strahlen auf dem glatten Sand zurück. Trocknet der Sand, verweht die Zeichnung. Sie ist Sinnbild für die Vergänglichkeit und hat zugleich etwas Surreales, so wie Lewis Carrolls Cheshire-Katze, deren Grinsen auch nach ihrem Weggehen noch eine Weile in der Luft hängt und sich erst ganz allmählich auflöst ...

Begegne ich einer Qualle im Wasser, vor allem einer, von der ich weiß, dass sie brennt (also einer Kompassqualle, einer gelben oder blauen Haarqualle), bin ich nicht mehr ganz so begeistert, und meine ästhetische Verzückung angesichts ihrer elegant pulsierenden, aber dennoch irgendwie zielgerichteten Fortbewegung flaut jäh ab. Schleunigst versuche ich zu fliehen oder wenigstens auszuweichen, aber alle paar Jahre wird man eben doch mal von einem der Tentakel gestreift. Die Nesselzellen an den dünnen Fangarmen haben einen gewaltigen Überdruck und gehören zu den kompliziertesten Zelltypen des gesamten Tierreichs. Bei Berührung an der Auslöserborste platzt die Zelle, und innerhalb von 0,004 Sekunden schießt ein bis dahin eingerollter Giftpfeil heraus.

Wenn es passiert ist, haben immer alle einen guten Rat. Vom Abschaben mithilfe einer Schwertmuschel über Abreibungen mit Sand, Spülungen mit Süßwasser, Spülungen mit allem außer Süßwasser bis hin zu Draufpinkeln ist alles dabei. Ich glaube, das mit der Schwertmuschel ist eine gute Idee. Mit Süßwasser wegspülen ist es nicht. Für das Draufpinkeln habe ich leider keine Erfahrungswerte. Ich schätze, es ist eine Abwägung, ob es das wert ist oder nicht.

Und wenn ich schon über Wert und Unwert im Zusammenhang mit Quallen spreche, so kann ich nicht unerwähnt lassen, dass ich einstmals versuchte, mit dem Verkauf einer toten Qualle mein erstes Geld zu verdienen. Sie sollte fünfzig Mark kosten, allerdings ohne Eimer. Ich setzte mich an den Rand des Holzwegs, und tatsächlich blieben auch gleich potenzielle Kunden stehen und prüften interessiert die Ware im blauen Eimer. Mein Bruder schämte sich für mich und meine überstiegenen Preisvorstellungen und wollte, dass ich fünfzig *Pfennig* verlangte. Doch das empfand ich als unangemessen, schließlich hatte ich die wabbelige Quallenleiche eigenhändig in den Eimer gelegt, Wasser, Tang und Muscheln dazugetan und so einen zauberhaften, submarinen Mikrokosmos geschaffen.

Im Nachhinein gebe ich zu, dass auch damals schon der Preis für tote Quallen unter fünfzig Mark gelegen haben dürfte, aber ob wir sie für fünfzig Pfennig eher losgeworden wären, bleibt eines der großen Rätsel meiner Kindheit.

Krebsgetier

Der Umriss der Insel Spiekeroog gleicht einer Garnele. Zumindest kann man ganz leicht eine Garnele daraus zeichnen:

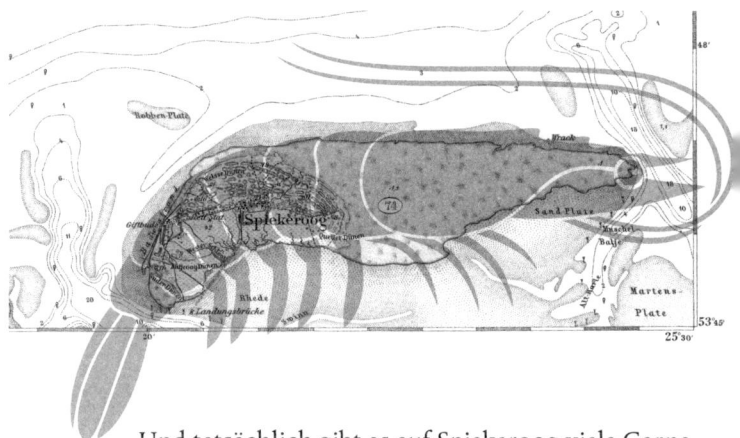

Und tatsächlich gibt es auf Spiekeroog viele Garnelen, die sich bei Ebbe in den Prielen eingraben und hoffen, dass sie nicht trockenfallen oder im aufgeheizten Wasser gegart werden, bevor die Flut sie wieder abholt. Wenn man durch die Priele watet, flitzen die Garnelen aufgeschreckt durchs Wasser und stoßen sich in ihrer Panik manchmal den Kopf an den Knöcheln der Watenden. Bleibt man länger stehen, werden sie aber gleich neugierig und fangen an, einem am Fuß zu knabbern.

Garnelen sind die einzigen Tiere, die sich ab und zu im Ke-scher, der jährlich gekauft werden muss, verfangen. Man kann sie in die Hand nehmen, das kitzelt, aber man sollte es nicht tun, denn die Garnelen sind danach meist schlapp, und manche ver-lieren allen Lebensmut.

Glücklicherweise sind die Garnelen auf oder knapp unter dem Sand kaum zu erkennen. Ihr Rücken ist gesprenkelt, als wäre er mit Sandkörnern überzogen, und man sieht sie eigent-lich nur, wenn man weiß, wo sie sich hingesetzt haben.

Unsere Eltern haben immer gesagt, wir sollten sie mitneh-men und abends auf Schwarzbrot essen, aber das haben wir na-türlich nicht gemacht, obwohl wir nichts gegen Krabbenbrote einzuwenden hatten. Wenn man nur zwei oder drei Garnelen hat, sind sie weniger Snack als schnuckelig.

Nur die Sache mit den Namen war verwirrend: Die Krabben, die man am Strand fand, die man pulen und auf Schwarzbrot essen konnte, waren nämlich keine Strandkrabben, sondern Garnelen oder, wie meine Mutter sagte, Granat. Andererseits waren alle Krabben letztlich Krebse. Krebse waren auf Spie-keroog jedoch meistens Taschenkrebse und natürlich Einsied-lerkrebse, doch wir sagten auch zu den Strandkrabben Krebse, weil es ja schließlich keine Krabben zum Pulen waren. Einsied-lerkrebse waren auch keine Krabben, obwohl sie eher aussahen wie Garnelen als wie Taschenkrebse, jedenfalls die ganz klei-nen Einsiedlerkrebse. Und der offizielle Name für die Tiere, die man Krabben nannte, wenn man sie zum Abendbrot aß, war wiederum Krebsgarnele, also alles außer Krabbe … Letztes Jahr wurde in der Nordsee ein neues Tier entdeckt, und zwar eine Art Strandfloh, der aber, wie alle Strandflöhe, gar kein Floh, son-dern ein Krebs, genauer gesagt ein Flohkrebs ist – und so geht es immer weiter.

Meeresleuchten

Vor einigen Jahren wollte ich meinen Kindern zum ersten Mal das Meeresleuchten zeigen. Es war mehrere Tage sehr warm und windstill gewesen, und in der Nacht würde das Wasser ganz niedrig sein. Ich lief an den Strand, um zu schauen, ob es leuchtete, aber schon auf halbem Wege kam mir eine Freundin entgegen, die ich fragen konnte und die mir bestätigte, dass es gerade angefangen habe. Sofort drehte ich um und rannte wieder zurück.

Es war nach Mitternacht, die Kinder schliefen schon, sie hatten den ganzen Tag Schlagball gespielt, waren hundertmal im Wasser gewesen, wir hatten gekocht, und sie waren irgendwann ins Bett gekippt. Ich rüttelte erst am älteren Kind, meinem Sohn, aber das war aussichtslos. Der Schlaf von Teenagern ist wahrlich ein großmächtiges Naturphänomen.

Das jüngere Kind wachte zwar auf, doch es wimmerte so kläglich und schlaftrunken, dass ich mich dafür verabscheute, einem elfjährigen Mädchen solche Gewalt anzutun. Also flüsterte ich schnell, dass jetzt Meeresleuchten sei und dass sie ja gesagt habe, sie wolle es einmal sehen, aber es müsse ja nicht heute Nacht sein. Darauf wollte ich mich wieder aus dem Zimmer schleichen. Doch ich hörte sie murmeln, »Nein, nein, ich will mit«, und dann riss sie sich aus dem Bett.

Es war eine laue Nacht, doch wenn man müde ist, ist es immer kalt. Also steckte ich sie, die noch fast schlief, in eine dicke Jacke, griff mir ein Handtuch und zog mein Kind in die Nacht hinaus.

Der Weg zum Strand ist weit und dunkel. Ich erzählte aufgeregt und mit schlechtem Gewissen, meine Freundin habe gesagt, dass das Meer heute leuchtete. Meine Tochter taumelte schweigsam neben mir her, sie hatte noch die Nacht-Zahnspange im Mund.

Bevor wir den Holzweg zum Strand hinuntergingen, schauten wir von oben auf die Wellen. Man sah nicht viel, aber die schmalen Wellenkämme schimmerten etwas heller als sonst. Das war ein gutes Zeichen. Meine Tochter starrte auf die Wellen und wurde plötzlich wach. Sie drängte hinunter an den Strand und zog die Schuhe aus, die ich gleich an mich nahm, denn in der Dunkelheit hätten wir sie nie wiedergefunden. Das Wasser war weit zurückgegangen, die See fast still. Die letzten Meter rannte sie. Am Flutsaum blieb sie stehen. Nichts. Leise plätscherten die Wellen. Doch da blitzte plötzlich ein weißer Funke, da noch einer. Meine Tochter schrie überrascht auf. Schau hinter dich, sagte ich. Ihre Fußstapfen funkelten im nassen Sand. Sie schrie noch einmal und sprang im Nassen auf und ab. Noch mehr Glitzerregen.

Sie watete tiefer hinein, wobei sie versuchte, das Wasser möglichst stark mit den Füßen aufzuwühlen, und zog dabei eine breite, grün glitzernde Gischtschneise hinter sich her.

Erst wollte sie nicht baden, weil das Wasser kalt, ihr Körper aber noch schlafwarm war. Außerdem war alles ringsum tiefschwarz. Der Strand ist riesig in der Nacht, es gibt kein einziges Licht. Nicht einmal der Mond schien. Wir einigten uns darauf, dass ich draußen bleiben und aufpassen würde, dass sie nicht die Orientierung verlöre. Denn es kann passieren, dass man aus Versehen ins Meer hinausschwimmt, während man versucht, an Land zu kommen.

Also zog sie sich aus und sprang ins Wasser. Und während sie paddelte und planschte, glitzerte das Wasser grünlich um sie herum, und flüssiges Gefunkel tropfte aus ihrem nassen Haar. Ihr Körper zog lange Leuchtschlieren und war, solange sie in Bewegung blieb, nixengrün. Wurde sie still, schloss sich das Meer schwarz über ihr zusammen.

Sie tauchte und spritzte die halbe Nacht. Auf dem Nachhauseweg war sie es, die aufgeregt auf mich einsprach, während ich still und froh neben ihr ging. Und als wäre das alles noch nicht genug gewesen, fielen über uns die Sternschnuppen quer über den Himmel, dass es nur so spritzte.

Als Kind kannte ich das Meeresleuchten nur aus *Jim Knopf*, und ich hielt es für eine Fiktion, etwa wie den Scheinriesen Herrn Tur Tur, der nur von Weitem riesig erschien und beim Näherkommen immer kleiner wurde, bis er schließlich genauso groß war wie alle anderen Menschen. Erst viel später begriff ich, dass es beides, Meeresleuchten wie Scheinriesen, auch in Wirklichkeit gab.

Das Meeresleuchten wird vielleicht nicht auf einem Magnetfelsen an- und ausgeschaltet, aber es ist dennoch eine großartige Naturerscheinung. Sie wird durch eine besondere Art von Einzellern hervorgerufen. Das Meer leuchtet also nicht selbst, sondern nur die winzige Algenart, die den martialischen Namen »Panzergeißler« trägt. Auf stark vergrößerten Bildern kann man erkennen, dass sie tatsächlich von zwei Panzerhälften umhüllt sind, aus denen drei Peitschen herausragen. Eigentlich sind es zwei, aber die zweite liegt quer und steht deshalb an beiden Seiten ein bisschen heraus. Mit der quer liegenden Peitsche wirbelt sich die Alge um die eigene Achse, mit der langen schwimmt sie.

Die Alge leuchtet nicht von allein wie ein Glühwürmchen, sondern muss ein bisschen gequetscht werden, damit etwas passiert: Biolumineszenz, also das Leuchten und Blitzen der Panzergeißler, kann durch das Brechen der Wellen ausgelöst werden. Oder das Schlagen eines Fischschwanzes. Oder ein schwimmendes Mädchen. Warum diese Algen leuchten, weiß man nicht genau. Fest steht, dass sie in den Nächten heftigen Leuchtens weniger häufig gefressen werden. Ob sie jedoch durch das Blitzen ihre Fressfeinde abschrecken oder ob sie durch ihr Leuchten die Fressfeinde ihrer eigenen Fressfeinde anlocken, ist den Forschern noch nicht ganz klar, den Einzellern aber wahrscheinlich egal.

Gibt es zu viele Panzergeißler im Meer, färbt sich das Wasser rot, und am Strand türmt sich gelblicher Eiweißschaum, durch den man nicht gerne barfuß geht. Bei aller Schönheit sondert die Alge einen Giftstoff ab, der den Fischen schlecht bekommt und sich in Muscheln ablagert, die wiederum von anderen Tieren gefressen werden. Es ist also besser für alle, wenn das Meeresleuchten etwas Seltenes und Besonderes bleibt, denn es hat auch etwas Tödliches. In *Faust II*, als Homunculus vom Meergreis in die Tiefe gelockt wird, erglüht ebenfalls das Wasser:

> Welch feuriges Wunder verklärt uns die Wellen,
> Die gegeneinander sich funkelnd zerschellen?
> So leuchtet's und schwanket und hellet hinan:
> Die Körper, sie glühen auf nächtlicher Bahn,
> Und ringsum ist alles vom Feuer umronnen;
> So herrsche denn Eros, der alles begonnen!

Zwar glüht und funkelt das Meer, Homunculus' Leben jedoch scheint dabei zu erlöschen. Er taucht nie wieder auf.

VII. ÜBERRESTE

Es gibt ein paar geschichtsträchtige Ruinen auf der Insel, die Wracks gehören dazu, aber auch die Franzosenschanze von 1810, ein Wall aus der Zeit, da die Insel unter napoleonischer Herrschaft stand. Ein Aufstand der Insulaner, der sogenannte Knüppelkrieg, wider das französische Joch scheiterte – nicht zuletzt, weil der Plan vorher durchsickerte und die Aufständischen schon erwartet wurden.

Heute ist diese Befestigung ganz überwachsen und nur von Weitem als Struktur in den Salzwiesen erkennbar. Gänse nisten dort, Pferde grasen, und die Stimmen der Wasservögel, die immer so klingen, als wären sie selbst eine Flüssigkeit oder als würden die Tiere singend Flüssigkeit erzeugen, erfüllt die Luft über den weiten Flächen. Für Menschen sind die Überreste des Walls nicht mehr zugänglich, denn die Salzwiesen Westergroen und Südergroen stehen mittlerweile unter Naturschutz. Doch vielleicht sind wirklich fürs Erste genug Menschen dort hindurchgelaufen, wurde genug geknechtet und geknüppelt. Inzwischen ist es ein sehr friedlicher Ort. Der unscheinbare Graswulst, dessen Form allein verrät, dass er künstlichen Ursprungs ist, lässt die Menschenleere noch deutlicher hervortreten.

Der Drinkeldodenkarkhof

Am Tranpad, ungefähr auf der Höhe der neuen evangelischen Kirche, befindet sich ein Friedhof, auf dem die Ertrunkenen des verunglückten Auswandererschiffes *Johanne* liegen. Es gibt eine Informationstafel, und an einem Stein lehnt ein großer schwarzer Anker, der aber nicht von der *Johanne* stammt.

In dem Heft *Schwere See vor Spiekeroog* von 2009, das sich ganz dem Schiffsunglück der *Johanne* widmet, hat der Autor Christof Schramm Briefe, Kirchbuchaufzeichnungen, Logbucheinträge, Zeitungsberichte und andere Quellen zusammengetragen und ausgewertet. Im vierten Kapitel dieser inzwischen leider vergriffenen Publikation gibt es einen genauen Zeitplan der nur fünf Tage während Reise, den ich hier verkürzt wiedergeben möchte:

Am letzten Tag des Oktobers 1854 gehen 216 Auswanderer an Deck des Segelschiffs *Johanne*, die in Geestemünde im Hafen liegt. Die vierzehn Mitglieder der Besatzung sind schon an Bord. Das Ziel ist Baltimore, eine große Stadt in der Neuen Welt. Wenn alles glattgeht, dauert so eine Schiffsreise zwischen fünfzig und siebzig Tagen, aber mit ein paar Wochen Verspätung muss man immer rechnen. Die meisten der Passagiere haben ihren Besitz zu Hause aufgegeben, den Hof versteigert, den Laden verkauft und alles zu Geld gemacht, was zu Geld zu machen war, damit sie in Amerika leichter Fuß fassen können.

Am 2. November segeln sie bei leichtem Südostwind Richtung Nordsee. Als abends der Lotse von Bord geht, ist der Wind schon stärker geworden und kommt immer mehr von Westen. Über Nacht nimmt er noch mal an Heftigkeit zu, Segel werden wieder weggenommen. Am folgenden Tag dreht der Wind erneut, er kommt jetzt aus Nordwest. Das Schiff kann seinen geplanten Kurs nicht mehr halten und driftet näher auf das Festland zu. Die meterhohen Wellen brechen über dem Schiffsdeck, und der unterste Raum muss immer wieder trockengepumpt werden.

Am nächsten Tag lässt der Wind zunächst nach, die Segel werden wieder gehisst. Doch bald kommt der Sturm zurück, und diesmal müssen die Segel bleiben, damit das Schiff den Sicherheitsabstand zum Festland beibehalten kann. Der Matrose Jürgen Hansen fällt vom Mast über Bord. Er wird nicht gerettet, zu unruhig sind Meer und Schiff.

Inzwischen hat der Rumpf mehrere Lecks, doch mithilfe der Pumpe hält sich das Schiff noch ganz gut über Wasser.

Das Wetter verbessert sich auch am darauffolgenden Tag, dem 5. November, nicht. Doch die Lage des Schiffs bleibt stabil. Durch ständige Kursänderung versucht der Kapitän, es von der Küste fernzuhalten.

Der 6. November ist der letzte Tag dieser Reise, und für 78 Passagiere ist es auch der letzte ihres Lebens. Die meisten der Übrigen werden alles außer ihrem Leben verlieren.

Als sich auf Spiekeroog herumspricht, dass ein Schiff vor dem Strand in Seenot ist, kommen die Dorfbewohner aus ihren Häusern, stellen sich ans Meer und schauen dem Ende der *Johanne* zu. Das haben sie schon immer so gemacht. Ja, natürlich kommen sie, um zu helfen. Aber von einem großen Schiff können auch Schätze an Land gespült werden, und bevor das Wasser alles verdirbt? Warum sollte man aus Pietät etwas verschwenden? Die Insulaner haben nicht viel zu verschenken.

Die Wellen sind so hoch, dass man auf dem Schiff gar keine Fernsicht mehr hat. Vor den Ostfriesischen Inseln sind die Strömungen sehr tückisch. Wahrscheinlich wird das Schiff vom aufsteigenden Wasser noch stärker Richtung Land geschoben. Um zehn Uhr morgens setzt die *Johanne* zum ersten Mal auf Grund. Es ist ein harter Aufprall, ein Teil des Kiels bricht weg. Sie kommt jedoch wieder frei, und der Kapitän versucht nun, direkt auf die Insel zuzufahren, um wenigstens die Menschen zu retten. Aber ohne Kiel und mit großen Lecks am unteren Teil des Schiffes ist ein Steuern nicht mehr möglich. Das Schiff setzt erneut auf, zum letzten Mal. Es kippt auf die Seite und legt sich quer. Das Deck zeigt zum offenen Meer, die Unterseite zum Strand. So schlagen die Wellen mit ihrer ganzen Wucht auf das Schiff ein. Der Mast bricht, zerschlägt das Deckhaus, und viele von denen, die an Deck waren, kommen dabei um. Die, die von Bord gespült werden, verletzen sich an den Trümmern des Schiffs oder werden von den wild in den Wellen herumwirbelnden Masten bewusstlos geschlagen und getötet.

Und während der ganzen Zeit stehen die Spiekerooger am Strand. Ohnmächtig hören sie die Schreie der Ertrinkenden und derer, die ihren Kindern beim Ertrinken zusehen müssen. Der Pfarrer Johann Doden schreibt:

> Ja, beim Dorfe hat man den Notschrei vernommen. Wir konnten diesen Angstschrei nur achselzuckend und stumm erwidern, nur durch Hüteschwenken ein Zeichen geben, daß wir ihre Not erkannten und fühlten.

Als die erste Kinderleiche angespült wird, sind alle verzweifelt, und die Ratlosigkeit weicht einem stummen Entsetzen. Es kommen mehr Tote. Immer wieder versuchen Insulaner, sich bei ablaufendem Wasser hinauszuwagen, um noch Überlebende zu finden, doch jedes Mal müssen sie wieder zurückkehren, noch bevor sie nur in die Nähe des Schiffs gelangen: Zu hoch sind noch die Wellen.

Gegen zwei Uhr nachmittags etwa, schreibt der Pfarrer, verlief sich das Wasser so weit, dass an Rettung gedacht werden konnte. »Und alsbald wurden auch die Schiffbrüchigen herabgeholt vom Schiff, auf welchem sie in so kurzer Zeit so Schweres erlitten hatten wie vielleicht in ihrem ganzen Leben noch nicht.«

Die Insulaner nehmen die Schiffbrüchigen in ihren Häusern auf. Im Wirtshaus werden dreiundzwanzig Personen untergebracht, in der Pastorei zunächst dreizehn. Eine »Frau Kull aus Stuttgart« hatte ihre sechs Kinder mit auf dem Schiff und weiß nicht, ob irgendeines davon überlebt hat. Ein kleines Kind wird gebracht, es ist fast leblos, und die Frau sagt, es sei ihres. Alle versuchen, das Kindlein am Leben zu halten, und zunächst sieht es auch so aus, als würde es wieder zu Kräften kommen, doch das Kind, schreibt Johann Doden im Kirchbuch,

> … war sehr schwach. Und diese Schwäche nahm zusehends zu. Die übrigen Kinder, die sämtlich gerettet in einem anderen Hause sich aufhielten, wurden geholt, und wir standen um ein Sterbebett. Um 8 Uhr starb das Kind in den Armen der Mutter. Sie sprach mit christlicher Ergebung von dem Verlust des Kindes, obwohl sie es erst nicht aus den Armen lassen wollte.

Bis heute, schreibt Christof Schramm, sei das Scheitern der *Jo-hanne* die schlimmste Schiffskatastrophe Ostfrieslands. Die an-gespülten Toten passten nicht mehr auf den Friedhof, also wur-de ein »Drinkeldodenkarkhof« angelegt, auf dem auch später noch unbekannte Ertrunkene beerdigt werden konnten.

Doch nicht nur die Überlebenden des Schiffsunglücks haben etwas »so Schweres erlitten wie vielleicht in ihrem ganzen Le-ben noch nicht«, auch die Insulaner sind als ohnmächtige Zu-schauer der Tragödie traumatisiert. Immer wieder klagt der Pfarrer, dass sie nichts tun konnten. Und er schreibt den gewich-tigen Satz: »Nicht einmal ein Rettungsboot ist da.«

Es musste erst noch ein Schiff vor Borkum auf Grund laufen, bevor auf Spiekeroog im Jahre 1862, also acht Jahre nach dem Untergang der *Johanne*, eine Seenotrettungsstation mit eigenem Boot eingerichtet wurde. Der erste Vorsitzende dieser Station, die zur Deutschen Gesellschaft zur Rettung Schiffbrüchiger ge-hörte, war der Insulaner Remmer Oldmanns Janssen.

Ich erinnere mich gut an diesen Namen: Remmer Oldmanns Janssen. Die Spiekerooger sind zu Recht stolz auf diesen Mann. In den Diavorträgen von Johannes Meyer-Deepen, die in den Siebziger- und frühen Achtzigerjahren das Hauptunterhal-tungsprogramm der Sommergäste darstellten, wurde der Na-me immer und immer wieder hervorgehoben. Herr Meyer-Deepen, Insulaner und schneidiger Ex-Offizier der Wehrmacht und der Bundeswehr, fand besonderen Gefallen daran, gerade diesen Namen, Remmer Oldmanns Janssen, mit so schnarren-der Stimme hervorzustoßen, dass man den Eindruck bekam, der Name bestehe nur aus stimmlosen Konsonanten. Zudem ließ er den Namen in seiner ganzen Länge immer am Ende ei-ner Anekdote fallen, sodass er etwas Pointenhaftes bekam.

Folgsam, vielleicht auch ein wenig eingeschüchtert, lachten alle Kurgäste jedes Mal laut auf, wenn Herr Meyer-Deepen mit der Remmer-Oldmanns-Janssen-Peitsche knallte. Er hatte sein Publikum fest im Griff, doch wenn wir ihm im Dorf begegneten, starrte er stahlblau durch uns hindurch. Seine Bücher über die Natur und die Geschichte der Insel zeugen jedoch von großer Heimatliebe. Das Buch über Spiekeroogs Geschichte verrät vielleicht mehr über ihn, als er selbst wollte: Die Zeit zwischen 1933 und 1945 fehlt. Es ist, als habe die Insel während des Nationalsozialismus gar nicht existiert.

Tatsächlich gibt es wenige Aufzeichnungen aus dieser Zeit. Allerdings herrschte schon lange vor der Machtergreifung durch die Nationalsozialisten ein sogenannter Bäder-Antisemitismus, den der Historiker Frank Bajohr in seinem Buch »*Dieses Hotel ist judenfrei*« eindringlich beschreibt. Spiekeroog komponiert zwar kein Judenhasserlied wie das abstoßende Borkum-Lied, aber es war sicherlich nicht die leuchtende Insel des Widerstands inmitten des braunen Schlamms. Auch hier gab es Hotels, die sich selbst anpriesen als »antisemitisch, einfach und gut«. Im Inselmuseum hängen Fotografien, die eine nationalsozialistische Kundgebung am Badestrand zeigen. Es müssen dafür fast zweitausend Nazis auf die Insel gekommen, durchs Dorf zum Strand marschiert und nach geschwungener Rede wieder abgefahren sein.

Der Nationalsozialismus spaltet die Inselgemeinschaft tief. Die Inselpastorin Konstanze Lange zitiert einen alten Insulaner, der immer noch fassungslos über einen anderen berichtet: »Der verwandelte sich plötzlich in einen strammen Nazi. Vor der Inselkirche hat er mit Kumpels laut rumgeblökt, um uns beim Gottesdienst zu stören!«

Es gibt einige Denunziationen und viel Misstrauen.

Doch es gibt auch die bewegende Geschichte des Spiekerooger Fährkapitäns Heinrich Cassens, der kurz vor Kriegsende einen ganzen Abiturjahrgang der Hermann-Lietz-Schule davor rettete, als Kanonenfutter an die Front geschickt zu werden. Die Jugendlichen hatten schon den Einberufungsbefehl erhalten, da wandte sich der Lehrer Heinz Dücker an den Kapitän und bat ihn um Hilfe. Als der Tag der Abreise gekommen war, meldete Kapitän Cassens, dass seine Fähre einen Motorschaden habe und er daher die Schüler nicht aufs Festland bringen könne. In Briefen an die zuständige Behörde hielt er die Beamten durch vorgetäuschte Schwierigkeiten beim Erwerb von Ersatzteilen über Wochen hin – so lange, bis der Krieg schließlich verloren war.

Auf einer Insel ist alles wie unter dem Mikroskop, das Gute wie das Böse, alles ist konzentriert, unmittelbar und ganz nah.

Es gibt zwei Zwangssterilisationen. Mindestens ein jüdischer Schüler muss die Hermann-Lietz-Schule verlassen. Als der Krieg vorbei ist, sind auch einige Spiekerooger Männer umgekommen. Die strammen Nazis sind verstummt, nicht wenige müssen zur Entnazifizierung aufs Festland. Aber als sie zurückkommen, wohnen sie wieder dort, wo sie immer schon gewohnt haben, machen das, was sie immer schon gemacht haben. Das muss hart gewesen sein für solche, die sich nicht vereinnahmen ließen. Viele Jahre dauert es, bis sich der Riss in der Dorfgemeinschaft wieder schließen kann.

Während des Kriegs fielen zwei Bomben auf den Oststrand, ansonsten wurde nichts zerstört – nicht einmal der Kampfflugzeugplatz am Laramie. Der wurde nach Kriegsende von alliierten Besatzungstruppen gesprengt. Und die kanadischen Soldaten, die nach dem Ende des Kriegs auf der Insel stationiert und im Haus Stranddistel untergebracht wurden, waren nach ein paar Jahren wieder verschwunden. Nichts zeugt mehr von ihnen – nicht einmal ein Spiekerooger Eishockeyprofi, über dessen Erbgut man vielleicht Vermutungen anstellen könnte. Ich hätte trotzdem gern gewusst, wer diese Soldaten waren, und vor allem, was sie in ihren Tagebüchern und Briefen zum Thema »Mein Spiekeroog« geschrieben haben.

Mir wurde gesagt, einen Kriegsüberrest gebe es doch noch: Am westlichen Ende der Stranddünen steht ein Toilettenhäuschen, es hat erstaunlich dicke Betonwände und ist in die Düne hineingebaut. Seit ich nach der Jahrtausendwende wieder nach Spiekeroog fahre, steht es dort, aber ich glaube nicht, dass es immer schon da war. Dann hörte ich, das Häuschen sei ein ehemaliger Bunker aus dem Zweiten Weltkrieg. Das gefiel mir. Einen Bunker zur Toilette umzufunktionieren, erscheint mir als ein zutiefst subversiver Akt, so pazifistisch wie Blumen im Gewehrlauf, bloß viel praktischer. Doch bei weiteren Recherchen stellte sich heraus, dass das Klohäuschen leider immer nur das war, was es jetzt ist. Dies ist ein weiterer Beweis dafür, dass ein Mythos der Realität überlegen ist, weil er sich aus dieser speist und sie dann – bisweilen ganz wörtlich – verdichtet: Denn tatsächlich gab es auf einer Düne beim Jugendhof, also in unmittelbarer Nähe des heutigen Toilettenhäuschens, eine Flugwache, von der aus der Himmel nach Flugzeugen der Alliierten abgesucht wurde. Nach Überresten der Flugwache sucht man heute vergeblich. Dafür haben wir ja nun das Häuschen.

Moltke

Aus dem Ersten Weltkrieg stammt auch das Wrack des Vorpostenboots *Moltke*, das die Bezeichnung »Wrack« eigentlich kaum noch verdient: Nur wenn das Wasser ganz niedrig ist, eine gewöhnliche Ebbe reicht kaum dafür aus, ragen zwei, drei verkrustete Metallteile von zehn bis vierzig Zentimetern Höhe aus dem Sand, aber das ändert sich von Jahr zu Jahr. Das Eisen ist rostig, vom Salzwasser zerfressen und über und über von Seepocken bedeckt. Aus dem Meeresboden steigend, erinnern sie an Stalagmiten in einer Tropfsteinhöhle.

Doch die Eisenteile sind natürlich Menschenwerk, letzte Überreste eines ehemaligen Fischkutters, der für den Ersten Weltkrieg umgerüstet wurde, um großen Schlachtschiffen Geleit zu geben, sie durch Luftangriffe oder an feindlichen U-Booten vorbeizulotsen. Die *Moltke* scheiterte jedoch nicht am Krieg, sondern an einem Wintersturm. Als das Boot am 2. Januar 1916 auf einer Sandbank vor Spiekeroog strandete, konnten die dreiundzwanzig Insassen gerettet werden.

Jahrzehntelang bin ich bei besonders niedriger Ebbe an diesen Stangen vorbeigegangen, ohne wirklich zu wissen, wovon sie stammen. Einige Jahre lang hatte ich sie gar nicht gesehen und fast vergessen, bis sie mir irgendwann wieder begegneten. Wenn ich überhaupt über sie nachdachte, glaubte ich noch am ehesten, es handle sich um irgendeinen alten Müll, den niemand entsorgt hat. Streng genommen sind sie das ja auch.

Der Anblick dieser rauen, senkrecht im Boden stakenden Teile, die bisweilen nur ganz knapp unter der Wasseroberfläche hervorlugen, und das alles noch unweit des Hauptbadestrandes, ungefähr auf der Höhe von Haus Wolfgang, bereitet mir immer Unbehagen. Ich bin mir sicher, die Überreste der *Moltke* haben schon vielen Badenden die Füße aufgeschlitzt. Doch der nasse Sand gibt nichts mehr frei, das ist ein Naturgesetz.

Das Verhalten nassen Sandes, ja granularer Materie überhaupt, ist eines der interessantesten physikalischen Phänomene, die ich kenne: Matsch ist toll.

Mein Vater wurde nicht müde, meinem Bruder und mir bei jedem Burgenbau zu erklären, was *Dilatanz* ist, also das, was mit Sand passiert, wenn man Wasser hinzutut und wieder herauspresst. Jeder, der schon einmal in einem Sandkasten gespielt hat, weiß: Matsch ist nicht gleich Matsch. Wenn ich den Sand mit viel Wasser verdünne, wird er schlackig, und ich kann verwunschene Fantasy-Tröpfchenburgen daraus machen, indem ich das flüssige Sand-Wasser-Gemisch durch die schmale Röhre meiner fast geschlossenen Faust kleckern lasse. Rasch türmen sich schmale, tropfsteinhöhlengleiche Strukturen auf, deren bizarre Formen an Gaudís Architektur erinnern.

Braucht man jedoch eine echte Festung, darf der Sand nur mittelnass sein. Je mehr ich den Matsch festklopfe, desto härter wird er, doch irgendwann zerfällt er plötzlich wieder. Und wenn er trocknet, weht er weg.

Wasser bewirkt, dass sich die einzelnen Sandkörner ganz voneinander lösen. Innerhalb eines großen Schwungs Wasser, zum Beispiel bei Flut, verhält sich der Sand so, als sei er selbst flüssig. Wenn das Wasser wieder abläuft, werden die nassen Sandkörner, die auf dem Boden liegen, sogenannten Scherkräften ausgesetzt. Sie verhaken sich ineinander, und es entsteht jener fast steinharte Untergrund, der sich bei Niedrigwasser aus den Wellen schält.

Wenn ein Schiff strandet und zur Seite kippt, bleibt bei jeder Flut ein bisschen Sand darin und drum herum zurück, und so werden beim Versuch, es zu heben, die Scherkräfte immer gewaltiger: Je höher der hydrostatische Druck, desto stärker die Kontraktanz. Sprich, je mehr man am Wrack zieht, desto fester klammert der Sand.

Nur wenn sie ganz überflutet wäre oder ganz auf dem Trockenen läge, könnte man die *Moltke* bergen. Dann erst würde sich der Sand um sie herum wieder auflockern und könnte entweder weggeschwemmt oder fortgeblasen werden. Das gilt für alle Wracks der Insel, von denen noch etwas zu sehen ist.

Am besten sieht man das Wrack der *Verona*.

Verona

In den letzten Jahren gehe ich, wenn ich im Sommer auf der Insel bin, fast täglich zum Wrack der *Verona*. Ich weiß nicht genau, wie viele Kilometer das sind, vielleicht zwischen fünf und sechs? Die Strecke des allsommerlichen Strandwettlaufs zum Wrack beträgt angeblich zehn Kilometer hin und zurück, aber die, die ihn gelaufen sind, sagen, es seien mehr. Wenn man ganz am Wassersaum entlangwatet, ist man ein Stück länger unterwegs, und je niedriger das Wasser fällt, desto weiter geht man. Der Weg dorthin ist ähnlich fluid wie das Meer, aus dem sich das Wrack zweimal täglich erhebt. An einem bestimmten Punkt auf dem Weg muss man sich wieder etwas inselwärts begeben, sonst findet man sich unversehens auf einer großen Sandbank wieder, von der man nicht mehr ohne Weiteres auf das Strandstück gelangt, wo das Wrack liegt.

Es sei denn, man schwimmt.

Aber dafür habe ich meist zu viel an: Wenn es heiß ist, muss man sich etwas auf den Kopf und die Schultern legen, um sich vor der Sonne zu schützen. Wenn sich eine Wolke vor die Sonne schiebt, wird es gleich kühl, und wenn es sich ganz zuzieht, kalt. Gegen den Wind braucht man manchmal auch noch etwas. Nachdem ich eine knappe Woche lang täglich elf bis zwölf Kilometer barfuß auf nassem Salzsand gegangen bin, tun mir die

Fußsohlen so weh, dass ich irgendwann doch Schuhe anziehen muss. Schwimmen ist daher eher mühsam. Zudem sind Priele auf dem Rückweg nicht immer die, die sie auf dem Hinweg waren. Einige sind tiefer und reißender, als man denkt. Manchmal hat sich ein Priel plötzlich in offenes Meer verwandelt, und man ist auf einer Sandbank abgeschnitten, die immer kleiner wird. Um möglichst gedankenverloren weite Strecken am Meer gehen zu können, muss ich den Tidenplan im Kopf haben.

Auf dem Weg zum Wrack der *Verona* gehe ich Richtung Osten an allen Strandkörben vorbei, danach an den letzten vereinzelten Windmuscheln vor dem Düneneingang zu Haus Wolfgang und dann immer weiter. Ich laufe erst los, wenn das Wasser schon mindestens eine Stunde lang abläuft, sonst stapft man die ganze Zeit durch den weichen Sand und bekommt schlechte Laune. Nur auf dem nassen, harten Untergrund kann ich frei und zügig ausschreiten. Wenn die Strandkörbe hinter einem liegen, trifft man vereinzelt auf Hunde und Hundebesitzer, aber so viele sind es nicht. Von Kilometer zu Kilometer wird es leerer. Das Windrad der Hermann-Lietz-Schule dreht sich in der Ferne, es ist nach der Inselbake am Schlossmacherheim der nächste Orientierungspunkt in den Dünen auf der rechten Seite. Manchmal kreuzt noch ein Jogger in neonfarbenen Funktionsklamotten die weite Fläche; die ganz Harten rennen durch den ganz weichen Sand. Und dann und wann kommt ein Spaziergänger so wie man selbst. Familien mit Boller- oder Kinderwagen und riesigen Proviantrucksäcken sind selten, aber manchmal sieht man ein versprengtes Grüppchen, das sich schwerfällig Richtung Osten schleppt. Wenn sie mich schon kurz nach dem Windrad mit gepresster Stimme fragen, wie lang es denn noch bis zum Wrack sei, ahne ich, dass es ihnen so ergehen wird wie uns früher: Plötzlich kann keiner mehr so genau sagen, warum man eigentlich aufgebrochen war, wozu man sich aus dem gemütlichen Strandkorb erhoben hat und wie man überhaupt je in diese eintönige Gegend geraten konnte.

Eines der Hauptvergnügen meines täglichen Gangs zum Wrack ist, dass ich ohne alles gehe, ohne Rucksack, ohne Wagen, ohne Essen, ohne Trinken, ohne Kinder, ohne Mann, ohne Freundin, ohne Gequatsche, ohne Telefon, ohne Kopfhörer. Nur manchmal nehme ich eine kleine Tube Sonnencreme mit. Manche Menschen gehen sogar ganz ohne Klamotten, aber für mich hätte das nichts Befreiendes, im Gegenteil. Ich hätte das Gefühl, verwundbar und zugleich übergriffig zu sein, und das würde mich so anstrengen, dass ich sofort erschöpft kehrtmachen müsste. Außerdem ist ein schicker Sport-BH bei einem zügigen Zwölf-Kilometer-Marsch mit Armeschlenkern tatsächlich sehr angenehm, und auch kleine Tuben mit Sonnencreme und Mikro-Bernsteinfunde kann man vorzüglich darin transportieren.

Nach dem Windrad kommt eine lockere Reihe von Holzpfählen, die den östlichsten Weg durch die Dünen zum Meer markieren. Von dort aus stößt Herr Boosmann, der frühere Dünenklausenwirt, mit Nordic-Walking-Stöcken auf den Strand. Ich erkenne ihn an seinem Hut und dem Rucksack. Für ihn ist das sicher praktisch: Würde ich, so wie er, ständig herrliche, riesige Bernsteinklumpen finden, hätte ich bestimmt genau so einen Rucksack dabei. Aber Herr Boosmann liest auch herumliegende Taue und anderes Strandgut auf, für das er einen Nutzen finden kann.

Damit knüpft er an eine alte Spiekerooger Strandgutsammler-Tradition an. Das Durchkämmen der Strände nach Dingen, die von Schiffen gefallen sind, war für die Insulaner jahrhundertelang nicht bloß Schatzsuche und Zeitvertreib, sondern diente schlichtweg dem Überleben. Zu oft wurden ihre Häuser von Piraten geplündert, als dass sie angeschwemmte Gegenstände leichten Herzens den Elementen überlassen konnten.

Mitte des 17. Jahrhunderts wurde den Bewohnern der Ostfriesischen Inseln jedoch bei Strafe untersagt, Strandgut einzusammeln. Johannes Meyer-Deepen schreibt, dass auch die Landesfürsten bald verstanden, was für kostbare und nützliche Dinge an die Nordseestrände gespült wurden. Deshalb setzten sie sogenannte Strandvögte ein, die nichts anderes machten, als die Treibgutsammler daran zu hindern, das Gefundene einfach zu behalten. Meyer-Deepen zitiert eine »Ordonantz« des Grafen Ulrich II. aus dem Jahre 1636, die für die Inseln Langeoog und Spiekeroog aufgesetzt worden ist:

> Erstlich setzten, ordnen und wollen Ihro Gaden, dass alle Einwohner des Eilands Gnaden (…), gebührlich respektieren und Gehör geben, bei Vermeidung Ihro Gnaden höchster Ungnad, (…) damit auch die Strande frei und beraubet sein und bleiben mögen, soll sich niemand verkühnen, den Strand allein zu visitieren oder sich darauf finden zu lassen, außer dem Vogt mit denen, die er mit sich genommen.

Dieser Strandvogt sollte dabei sein, wenn die havarierten Schiffe ausgeräumt wurden. Danach musste er die Räumenden mit Bargeld für unterschiedlich wertvolle Güter entschädigen. Bei Zuwiderhandlungen gab es hohe Goldguldenstrafen. Über das Aufsammeln und Retten von Schiffbrüchigen wurde allerdings nichts verlautbart. Die brachten ja auch kein Geld ein.

Die *Verona* war ein englisches Dampfschiff und hatte »Stückgut« geladen, das sie von Leith in Schottland nach Bremerhaven bringen sollte. Am 13. Dezember 1883 lief der große Dampfer am Spiekerooger Oststrand auf Grund. Inzwischen gab es auf der Insel ja zum Glück eine Rettungsstation. Das Rettungsboot wurde in einem Pferdewagen zum Strand gebracht, und alle zwanzig Besatzungsmitglieder konnten schließlich lebend geborgen werden. Das Schiff allerdings blieb liegen. Meyer-Deepen schreibt, dass weder Kosten noch Mühen gescheut wurden, um es richtig an Land zu ziehen. Doch wenn einmal etwas so Großes und Schweres in den Sand geraten ist – immerhin war das Schiff 77 Meter lang –, so gibt der Sand es selten wieder frei. Binnen kürzester Zeit sank das Schiff immer tiefer ein und mit jeder Tide, die darüberwusch, noch ein wenig mehr.

Ich erinnere mich an Jahre, da sah man es überhaupt nicht mehr. Als Kind bin ich einmal mit meinen Eltern zum Wrack gelaufen, und während wir es suchten, trat ich aus Versehen drauf: Es schaute nur ein Stückchen Eisenrand vielleicht zwei Zentimeter aus dem Sand. Die Narbe war viele Jahre sichtbar, jetzt finde ich sie nicht mehr, was mir stimmig erscheint.

Zurzeit ragt bei Ebbe ein längliches Stück Schiffsrumpf aus dem Boden, in manchen Jahren sah man fast nichts, die Jahre davor und danach wiederum riesige Teile, in die man hineinschauen konnte. Sie waren knallgrün vom Seetang, und wenn man sich näherte, knisterte und knackte es, weil alle Muscheln und Seepocken, die an den verrosteten Eisenwänden hafteten, sich vor der Trockenheit und Wärme schützen mussten und schnell zumachten.

Eine Spiekerooger Freundin erzählte, ihr Vater habe früher im Schiffsrumpf der *Verona* getaucht und riesige Taschenkrebse herausgeholt. Und an diesem Punkt der Geschichte zeigte meine Freundin mit beiden Händen die beunruhigend großen Ausmaße der Krebse. Sie hätten sie gekocht und verspeist. Mir fällt nur eine Sache ein, die ich mir noch unheimlicher vorstelle, als in einem Wrack zu tauchen, und das ist, in einem Wrack nach Monsterkrebsen zu tauchen. Da das Wrack im Meeresboden noch viel weiter reicht, gibt es womöglich große Hohlräume, ein ganzes submarines Universum. Alles könnte dort unten hausen. Tote. Untote. Mutierte Kreaturen, halb Krebs, halb Mensch, seepockig, haarig und mit unentwegt zuckenden Stielaugen.

Wenn die letzten Orientierungspunkte passiert sind, werden die Dünen erst höher, dann niedriger. Und auf der Meerseite werden die schwarzen Sprockholzfelder sichtbar. Es gibt einen Priel, den man aber barfuß durchqueren kann. Bald kommt dieser Knick, bei dem man schräg Richtung Dünen laufen muss, denn geradeaus liegt die Sandbank, die man als solche zunächst gar nicht erkennen kann. Das Wasser, das sie umgibt, steht in einer kleinen Senke und ist daher von Weitem nicht zu sehen.

Schließlich geht man und geht, und lange Zeit kommt eigentlich nichts. Selbst bei klarer Sicht auf den Leuchtturm und die Häuser Wangerooges ist das Wrack nicht zu erkennen. Das schmale, dunkle Rechteck schiebt sich immer erst ins Blickfeld, wenn man schon fast aufgegeben hat. »Gescheiterte nur hätten ihn erblickt«, heißt es über den »Herrn der Insel« in Stefan Georges gleichnamigem Gedicht, und ich murmle es bei meinen einsamen Wrackläufen vor mich hin. Erst wenn ich anfange, mich zu fragen, ob das Wrack dieses Jahr vielleicht ganz versandet ist oder ob das Wasser noch zu hoch steht, sodass ich aus Versehen dran vorbeigegangen bin, erst dann erblicke ich es.

Jedes Mal, wenn ich den schmalen, dunklen Streifen im Wasser oder knapp neben dem Wasser sehe, bin ich erstaunt, wie weit es noch ist bis dahin. Das Wrack liegt dort, wo die Dünen schon flach und schütter werden. Es ist wie ein Tor, ein Grenzposten, hinter dem sich irgendwann die weite Vogellandschaft der Ostplate öffnet. Hier drehe ich um.

Hinter der *Verona* wohnen die Vögel, verschiedene Möwenarten, die schwarz-weißen Austernfischer, pfeilschnellen Seeschwalben und kleinen Strandläufer, die mit so eiligen Schrittchen am Flutsaum entlangrennen, dass es aussieht, als liefen sie auf Rädern.

Im Herbst wird die Insel von großen Zugvogelschwärmen angeflogen. Schon 319 Arten wurden auf Spiekeroog bislang gesichtet, darunter auch einige »Irrgäste«, also Vögel, die sich verflogen haben und gar nicht hier sein dürften. Wie konnte es passieren, dass sie in den falschen Zug geraten sind? Und werden sie ihresgleichen je wiederfinden, oder führen sie jetzt für immer ein Leben mit einer anderen Vogelart, als Fremdling unter Migranten? Obwohl ich mich dem Sog v-förmiger Schwärme am Himmel nicht entziehen kann, stelle ich mir vor, dass sich die Tiere vielleicht gern unbeobachtet ausruhen. Denn selbst wenn sie nicht brüten oder rasten, ärgern sie sich über mein Eindringen. Schon auf dem kurzen Weg zur *Verona* muss ich an Sandbänken vorbei, auf denen sich Möwen sammeln. Die meisten von ihnen beachten mich nicht, aber einige fliegen auf, wenn ich komme. Fliegen auf, aber nicht weg. Manchmal stehen sie über mir im Wind oder segeln dicht an meinem Kopf vorbei und schreien mich an. Ich bin unerwünscht. Der Herr der Insel aus Georges Gedicht ist übrigens eine Art Vogel-Gott, der sein einsames und perfektes Leben »auf einer insel reich an zimmt und öl / Und edlen steinen die im sande glitzern« genau in dem

Moment beendet, als »die weißen segel der menschen« am Horizont auftauchen.

Ich stelle mir also vor, hinter der *Verona* lebt der Herr der Insel noch immer. Und ich möchte nicht diejenige sein, wegen der er verscheidet, womöglich noch »in gedämpften schmerzenslauten«. Ja, wahrscheinlich glitzert dort »im sande« am äußersten Osten auch jener kindskopfgroße Bernstein aus meinem Traum, aber ich möchte trotzdem nicht stören. Außerdem bräuchte ich, wenn ich weiter ginge als bis zum Wrack, Wasser, Sonnencreme, Proviant, warme Sachen, andere Schuhe, einen Rucksack.

Vielleicht einmal im Herbst.

Vor einigen Jahren war ich im Spätherbst auf der Insel, und als ich schon fast am Wrack war, kam Seenebel auf, der sich allmählich auch über den Strand ausbreitete. Alle Orientierungspunkte, die Dünen, das Windrad, die Bake, der Leuchtturm von Wangerooge, jener Knick nach ungefähr zwei Dritteln des Wegs, das Wrack selbst, kurz, alles, was man schon von Weitem sehen und woran ich meine eigene Position festmachen konnte, war wie verschluckt. Jeder Schritt war ein Schritt in etwas Weiches und Formloses. Ich kam mir vor wie gefangen in meinem eigenen Traum. Das Meer war still, auch die Möwen schrien nicht. Ich ging trotzdem weiter, schließlich kannte ich ja den Weg. Erst, als ich schon davorstand, hob sich das Wrack plötzlich kalt und rostig aus dem Boden, die schwarzen Hohlräume voller düsterer Möglichkeiten. Die Nebelschwaden ließen es mal klarer, mal verschwommener hervortreten, und beinahe war es, als bewege es sich, ja, als wachse es immer höher aus dem Sand, bis es sich bald ganz befreit haben und als Geisterschiff in See stechen würde. Vielleicht wären, lautlos und ganz ohne Hast, die Skelette zweier blinder Passagiere aus den dunklen Löchern an der Seite geklettert, ein Liebespaar, das heimlich geflohen war und nie geborgen wurde und das dort, im Rumpf der *Verona*, den Tod gefunden hat. Kein Wunder waren die Taschenkrebse da drin so besonders fett.

Doch das alles konnte ich nicht mehr beobachten, denn ich verweilte nicht lange am Wrack, der Nebel wurde dichter. Meine Sinne waren von der Stille geschärft und gleichzeitig die äußeren Reize vom Nebel gedämpft. Jedes Plätschern, jedes Flügelflattern schreckte mich auf. Angst hatte ich nicht, aber Herzklopfen. Als ich anfing, meinen eigenen Atem zu hören, kam ich mir nicht mehr vor wie im Traum, sondern eher wie in einem Nouvelle-Vague-Film. Ich beschloss, dicht am Meer entlang zurückzugehen, um nicht womöglich im Kreis oder in einer langen Kehre wieder gen Osten zu laufen, doch ich wusste, dass ich mich irgendwann landeinwärts wenden musste, um nicht auf die Sandbank zu geraten. Wie immer hatte ich weder Telefon noch Uhr dabei, konnte also auch anhand der Zeit nicht einschätzen, wo ich mich ungefähr befand. Ich begann zu rennen. Manchmal blieb ich stehen, um zu schauen, ob das Meer noch rechts von mir war. Dann lief ich weiter.

Irgendwann wurde ich gewahr, dass das Meer auch links von mir war, und zwar schon seit geraumer Zeit, und das war kein guter Moment. Ich blieb stehen und starrte auf das Wasser. Es war flach, bleigrau und unbewegt. Kann sein, dass ich in diesem Augenblick doch Angst bekam. Langsam ging ich in meinen eigenen Fußspuren zurück, um zu sehen, an welcher Stelle sich das Wasser verzweigt hatte. Außer meinen gab es keine weiteren Fußspuren. Ich fand die Stelle, überquerte sie und wandte mich erneut nach Westen, Richtung Dorf, das Wasser wieder rechts von mir.

Inzwischen war es auch nicht mehr wie in einem Film. Vielleicht stelle ich mir so den Tod vor. Allein im Nebel am Meer. Im Sand die eigenen Fußspuren, die irgendwann aufhören. Ein paar Geräusche. Sonst nichts.

Nebel ist rückwärts Leben, und im Nebel wurde mir klar, dass mich mein Rückweg unbedingt ins Leben zurückzuführen hatte. Also begann ich wieder zu rennen, diesmal behielt ich auch meine linke Seite im Blick, doch das Meer blieb rechts. Der Weg durch die feuchte Nebelmasse kam mir lang vor: Den Mast mit der Uhr auf der Düne am Hauptstrand konnte ich erst sehen, als ich unmittelbar darunter stand. Doch obwohl die Uhr falsch ging, zeigte sie mir, dass meine Zeit noch nicht gekommen war.

Exkurs:
Vom Abschweifen und Fortfahren

Bevor ich vom Wrack der *Verona* auf die andere Seite der Insel zum Watt komme, ist es Zeit, über das Gehen zu sprechen. Und ein wenig über Räder. Der Exkurs, also eine Abschweifung, ist dafür die angemessene Form, denn in ihm ist der Lauf, *cursus*, schon enthalten: Auf Spiekeroog macht man fast alles zu Fuß. Und selten ohne Abschweifung.

Das Dorf ist ungefähr in der Mitte der Insel. Ganz früher lag es weiter im jetzigen Westen, der damals noch die Mitte der Insel war. Bevor die westlichen Küstenabschnitte der Ostfriesischen Inseln befestigt wurden, wanderte so viel Sand von Westen nach Osten, dass die Dörfer bisweilen umgesiedelt werden mussten.

Vom Hafen aus, früher vom Bahnhof, gehen wir zu Fuß in unser Ferienhaus. Zu Inselbahnzeiten, und als der Hafen noch ganz neu war, standen die zweirädrigen Karren mit dem Namen des Hauses bei der Ankunft bereit. Wir beluden sie und schoben damit durchs Dorf bis zu unserer Pension im Richelweg. Kam nach uns noch ein zweites Schiff mit Gästen für unser Haus, rannte einer von uns mit der leergeräumten Karre zurück und stellte sie dorthin, wo wir sie vorgefunden hatten.

Die Ferienhäuser wurden größer, mehr Touristen kamen auf die Insel, und die einzelnen Kofferkarren verschwanden. Inzwischen lassen wir unser Gepäck auch meistens von Oltmanns Gepäcktransport vors Haus stellen. Früher ging das mit einer Pferdekutsche, doch schon seit Mitte der Achtziger fährt ein surrender Elektrowagen.

Selbst meine Mutter, die zu Hause jeden Weg mit dem Fahrrad zurücklegte und sich zu Fuß eigentlich nur rennend fortbewegte, entdeckte auf Spiekeroog – aber auch nur dort – ihre Leidenschaft fürs Gehen. Und das sogar, ohne dabei ständig eine Kugel vor sich herstoßen zu müssen. Natürlich rannte sie trotzdem ab und zu zum alten Anleger oder zur Hermann-Lietz-Schule, und es konnte sein, dass sie auch auf dem Weg zum Strand in einen kurzen Sprint verfiel, aber im Großen und Ganzen setzte sie so langsam Fuß vor Fuß wie alle anderen auch.

Als mein Bruder und ich jünger waren, erschien uns der Weg zum Strand endlos, und wir dachten sehnsuchtsvoll an Häuser, die auf Stränden standen oder auf Pfählen im Meer, wie wir sie manchmal in Filmen sahen. Meiner Mutter machte der lange Weg zum Strand nichts aus, im Gegenteil, wenn wir etwas im Haus vergessen hatten, sagte sie gleich, sie könne es schnell holen, und schon war sie aufgesprungen und ging mit den Schuhen in der Hand den Holzweg hinauf.

Als meine eigenen Kinder jünger waren, ertappte ich mich dabei, wie ich mich eifrig bereit erklärte, die Sonnenbrille, Badehose, oder was immer wir in der Wohnung liegen gelassen hatten, zu holen. Ich sprang auf, griff meine Schuhe und ging rasch den Holzweg hinauf. Meistens nahm ich dabei noch ein paar Splitter mit. Oben auf dem Dünenkamm zog ich meine Schuhe an, ohne vorher an den Wasserhähnen meine Füße gewaschen zu haben. Dabei lehne ich diese Wasserhähne gar nicht ab. Ich brauche sie nur nicht. Man hat auf Spiekeroog sowieso immer Sand in den Schuhen, auch lange nach dem Urlaub noch. Meistens bringe ich den alten Sand in meinen Schuhen beim nächsten Mal wieder mit auf die Insel zurück. Dort wird er einmal durchgetauscht. Zudem trage ich in all meinen Koffern immer ein wenig Spiekerooger Sand durch die ganze Welt, egal, wie oft ich die Koffer draußen ausklopfe.

Es ist gut, wenn man sein eigenes Tempo, seinen eigenen Laufstil gehen kann, mit schlenkernden Armen und ohne Taschen, ohne Kind an der Hand, ohne Bollerwagen und vor allem schweigend. Das Ausschreiten tut gut, und es ist befreiend, nicht über den Weg nachdenken zu müssen, über mögliche Gefahren, über andere Verkehrsteilnehmer. Man kann kurz die Augen schließen oder Gedichte vor sich hin murmeln. An gar nichts denken oder an alles, riechen, wie es gerade riecht, oder schauen, wo sich die Heckenrose, das Geißblatt, die Wilde Johannisbeere oder die Butterzimtwaffel tatsächlich befinden, wenn man sie riecht.

Henry David Thoreau lobt das Zu-Fuß-Gehen in seinem Essay *Walking*, dessen Titel mal mit »Spazieren«, mal mit »Wandern« übersetzt wird. Sowohl das Spazieren als auch das Wandern sind spezielle Arten des Zu-Fuß-Gehens, aber natürlich nicht die gleiche spezielle Art. Und beides ist wiederum nicht das Gleiche wie Thoreaus *walking*, das einerseits nichts mit dem deutschen Volkssport des »Walking« gemein hat, bei dem man mit großen Armbewegungen und starrem Blick durchs Gelände stapft.

Für Thoreau ist das Gehen die Voraussetzung für die Begegnung mit der wilden, der ungezähmten Natur. Obwohl sein Essay schon über hundertfünfzig Jahre alt ist, hat er gerade im wilden, ungezähmten Wattgebiet von Spiekeroog nichts von seiner Aktualität verloren. Zugegeben, auf dem vollen Weg zwischen Strand und Dorf ist das einzig Wilde, was mir begegnet, eine Gruppe sehr entspannter Fasane. Nein, das stimmt nicht, auch Kornweihen begegnen mir auf diesem Weg und Rotmilane, Falken, verschiedenste Möwen, Nebelkrähen, Austernfischer, Spatzen, Tauben, Hasen, Bienen, Hummeln, Fliegen, Bremsen, Marienkäfer, Wespen, Libellen, Stechmücken und Tagpfauenaugen, kleine Füchse (nur in Falterform) und jene kleinen blassblauen Schmetterlinge, die immer etwas müde wirken, deren Namen ich aber nicht weiß.

Doch selbst wenn ich Thoreaus Anspruch von Wildheit und Ungezähmtheit beim Holen einer vergessenen Sonnencreme nicht gerecht werden kann, so kann ich doch im Laufen wilden, ungezähmten Gedanken nachhängen.

Jeder Gang ist etwas Einzigartiges. Der Gang gehört zu einem Menschen wie seine Stimme: An beidem kann ich Leute schon von Weitem erkennen. Und an beidem kann ich sehen, ob jemand glücklich oder unglücklich, angespannt oder erschöpft, selbstbewusst oder unsicher ist, ob er sich verstellt oder ganz bei sich ist, ob er sich freut, mich zu sehen, oder eher das Gegenteil – selbst von hinten. Vielleicht gerade von hinten.

Im Gehen kann ich besser denken und leichter über Schweres sprechen. Damit bin ich natürlich nicht allein. Schon im ersten Jahrhundert vor Christus gründet Aristoteles die Schule der Peripatetiker, die nach dem Ort benannt ist, an dem sich seine Schüler zum Gedankenaustausch treffen: *Peripatos*, die Wandelhalle. Das deutsche Wort »wandeln« ist vielschichtig. In seinem Schlendern liegt nicht nur reimend ein Sich-Ändern: Das Wandeln als Lustwandeln und Verwandeln ist gerade für eine Insel, die selbst immerzu in Bewegung ist, abbricht, wegschwimmt oder Sandbänke andocken lässt, die jedes Jahr, jeden Tag ein wenig anders aussieht, eine angemessene Art der Fortbewegung.

Eine Zeit lang nahmen wir das Einrad mit nach Spiekeroog. Wenn es anfing zu regnen, konnte meine Tochter damit den Weg vom Strand vorausfahren und schon mal Teewasser aufsetzen. Die Insulaner haben sowieso alle Fahrräder, die sie manchmal schieben, manchmal fahren, und manchmal lassen sie sich von ihren Jagdhunden ziehen. Im Dorfkern muss jeder absteigen, aber nicht alle sind jeder. Die Leute vom Zeltplatz haben verrostete Räder, die aber allen zu gehören scheinen.

Ich kann mich nicht erinnern, dass früher viele Räder geklaut wurden. Manchmal »lieh« sich jemand eins aus und stellte es am nächsten Tag wieder dorthin, wo er es hergeholt hatte. Der Besitzer ärgerte sich kurz, machte sich aber keine allzu großen Sorgen. Das hat sich geändert. Inzwischen nehmen mehr Leute ihre Räder vom Festland mit auf die Insel, auch wenn das teuer ist. Es gibt Schilder, auf denen steht, dass man hier keine Räder anschließen soll. Tatsächlich wird insgesamt mehr abgeschlossen als früher: Häuser, Strandkörbe, Fahrräder, Reiserücktrittsversicherungen. Und gleichzeitig wird mehr geklaut. Was allerdings zuerst da war, das Schloss oder der Diebstahl, vermag ich nicht zu sagen. Wenigstens sind die Schlösser hier immer noch nicht ganz so dick wie in der Stadt.

Den Polizisten der Insel habe ich noch nie ohne Fahrrad gesehen, meistens fährt er, manchmal schiebt er. Ohne Rad würde ich ihn wahrscheinlich gar nicht erkennen. Die Tatsache, dass er aufgrund der fehlenden Autos ohne Helm, aber dafür mit einem kleinen Hund herumfährt, gibt mir für wenige Wochen im Jahr die Hoffnung zurück, dass die Welt rettbar sein könnte.

In den Achtzigerjahren kamen Skateboards nach Spiekeroog, und auch heute rattert noch ab und zu ein Longboard an mir vorbei. Allerdings gibt es keine asphaltierten Straßen, der Weg zum Strand ist mit Verbundsteinen gepflastert, und es laufen überall wilde und ungezähmte Fußgänger herum, die selten nach links und rechts schauen. Ich glaube, die Insel ist letztlich zu sandig und zu salzig für empfindliche Kugellager.

Irgendwann hielt der Bollerwagen seinen furiosen Einzug. Der Bollerwagen ist das Gefährt des Fußgängers. Ich weiß nicht, wer ihn zuerst dabeihatte. Die Zeltplatzleute? Die Surfer und Kiter mit ihrer schweren Ausrüstung? Oder die Betreuer aus den Erholungsheimen, die die kleineren Kinder dort hineinsetzten? Handwagen gab es immer schon auf der Insel, aber richtig beliebt wurden sie erst, nachdem die Pensionen den Ferienwohnungen gewichen waren und alle Gäste mehr einkaufen mussten.

Als ich in den frühen Zweitausendern wieder im Sommer auf die Insel fuhr, waren die Bollerwagen jedenfalls omnipräsent. Auch wir mieteten uns einen und setzten die Kinder mitsamt dem Strandkram hinein. Offen gestanden mag ich Bollerwagen nicht besonders. Der Name gefällt mir nicht, ich sage ihn nicht gern, so, wie ich auch viele Brotsorten beim Bäcker nicht gern sage: Kraftmeier, Weltmeisterbrötchen, Wuppi oder Dat Urige, so etwas kann ich nicht kaufen. Beim Bollerwagen kommt noch hinzu, dass man ihn nur in einer nahezu sklavischen Haltung hinter sich herziehen kann: gebückt, die Arme hinterm Rücken am Eisengriff gefesselt, den Blick zum Boden gesenkt.

Bald jedoch fuhren die Kinder Laufrad und Roller, schließlich kam jenes Einrad, und langsam wandelnd wandelten sie sich langsam zu Fußgängern. Längst kann ich beim Gehen wieder mit den Armen schlenkern.

VIII. DAS WATT

Auf der Festlandseite Spiekeroogs, also gewissermaßen unter dem Bauch der Garnele, liegt das Wattenmeer. Es ist Teil des größten zusammenhängenden Wattgebiets der Welt und gehört seit zehn Jahren zum UNESCO-Weltnaturerbe. Auch wenn ich froh bin, dass das Watt jetzt genauso schützenswert ist wie der Serengeti-Nationalpark, Yellowstone oder die Galapagosinseln, so ist die Bezeichnung Weltnaturerbe doch auch ein wenig bedrückend: Da hat das Watt noch mal Glück gehabt, was aber ist zum Beispiel mit der Nordsee? Soll die nicht auch mal vererbt werden? Oder hat sie zu viele fossile Brennstoffe im Grund, zu viele Fische im Wasser, zu viel Platz für Schiffsverkehr und Offshore-Parks, um Weltnaturerbe zu sein? Es lohnt sich einfach zu sehr, sie auszubeuten. Oder ist die Nordsee schon jenseits der Vererblichkeit, gerade weil sie schon zu viele Bohrinseln, Windräder, Tanker, Abfälle und Algen erträgt?

Das Wort »Watt« kommt von waten, eine besondere Gangart, die nur in seichtem Wasser möglich ist. Tatsächlich kann man sich im Watt nur zu Fuß fortbewegen. Mit allem, was Räder hat, kommt man in dieser schlammigen Gegend nicht weit. Vielleicht sollte hier ein weiterer Exkurs über das Waten stehen, über das langsame Durchstreifen niedriger Gewässer, wie die Ränder von Meeren und Seen. Wie Priele, Pfützen und eben Watten. Über das befriedigende Rauschgeräusch des Wasserschaums beim Durchpflügen. Über die Wirkung des unterschiedlichen Watwiderstands, je nachdem, ob man die Füße unter der Wasseroberfläche belässt oder sie bei jedem Schritt heraushebt. Über das Waten mit und ohne Schuhe, über das Waten mit hochgekrempelter Hose und mit nassen Hosenbeinen, über das Waten durch Priele bei nächtlichem Meeresleuchten mit einem Freund. Über den Einfluss gekühlter Füße auf den Gedankengang: Wird dieser fließender? Flüssiger? Zum Bewusstseinsstrom? Oder, im Gegenteil, zäher, schwerfälliger? Warum ist das Waten durch trübe Gewässer, besonders das Aufwühlen von Schlamm, befriedigender als ein Schreiten durch klares Wasser?

Was den Schlamm angeht, kommt man beim Waten im Watt jedenfalls ganz auf seine Kosten. Das Hervorquellen des schwarzen Schlicks durch die Zwischenräume der eigenen Zehen ist lustvoll und schaurig zugleich; fast scheint es, als hätte der Schlamm ein Eigenleben, er verschlingt meine Füße und gibt sie nur unter widerwilligen Sauggeräuschen wieder frei. Bläschen quellen von unten herauf, Muscheln ruckeln sich langsam in den flüssigen Sand, Krebse lugen halb aus ihm hervor, Würmer schießen von unten Sandnudelhäufchen an die Oberfläche. Obwohl alles karg, grau und leer erscheint, blubbert es im Watt, schlürft, schmatzt, knistert, spritzt, frisst, verdaut, verwest, atmet, lebt.

Salzwiesen

Das Watt ist ein Zwischenraum, nicht Land, nicht Meer. Ein Schwellenreich, Gegend des Übergangs, so als hätte Gott am dritten Tag der Schöpfung kurz an etwas anderes gedacht. Die Trennung zwischen himmlischem und irdischem Wasser hat er noch gerade vollzogen, wobei an manchen Regentagen oder bei Seenebel im Watt auch da Zweifel aufkommen mögen. Nur das Zusammenziehen des unteren Wassers, um Festland und Ozean voneinander zu trennen, scheint hier nicht ganz geklappt zu haben. Das Ergebnis ist dennoch geglückt: Die göttliche Erschöpfung hat einen ganz besonderen Lebensraum geschaffen.

Es gibt unterschiedliche Landschaften im Bereich des Watts. Da sind zum Beispiel die Gebiete, die mehr Land sind als Wasser. Die Salzwiesen auf der Südseite der Insel gehören dazu. Sie werden nicht täglich geflutet, aber immerhin bei jeder Springflut, also insgesamt hundert bis zweihundert Mal im Jahr.

Auf einem Teil der Salzwiesen grasen die Pferde vom Islandhof, und früher hielten die Insulaner dort noch mehr Tiere, aber heute wird der Großteil der Wiesen nicht mehr landwirtschaftlich genutzt. Wandergänse und andere Vögel brüten dort, und es wachsen ganz besondere Pflanzen, wie zum Beispiel der Queller, ein fleischiges, nacktes Kraut, das prallvoll ist mit Salzwasser. Im Herbst wird der Queller purpurrot und erinnert an verästelte Korallen. Man kann ihn in den Salat tun oder auch nicht, ich tue es nicht. Queller ist die Pflanze, die von allen Salzpflanzen am meisten Salz braucht, um zu überleben. Auf geführten Wanderungen lernt man, dass er auch »Meeresspargel« heißt, aber um ihn so zu nennen, muss man wahrscheinlich Ostfriese sein. Ich komme aus Nordbaden, unser Haus stand auf einem ehemaligen Spargelacker, und überall im Garten sprießt auch Jahrzehnte später immer noch vereinzelt das nadelfeine Spargelgrün aus dem Boden. Es fällt mir schwer, am Queller irgendetwas Spargeliges zu entdecken, außer vielleicht, dass er etwas länglich ist. Aber vielleicht reicht das ja schon als gemeinsamer Nenner? So ist ja zum Beispiel das, was Seegurke heißt, nicht einmal eine Pflanze, sondern ein Tier, das aussieht wie ein Wurm, aber kein Wurm ist, sondern in die gleiche Familie gehört wie ein Seestern, der seinerseits auch kein selbstleuchtender Himmelskörper aus heißem Plasma ist, nicht einmal eine Pflanze wie der Blaustern, sondern ein Tier aus der Familie der Stachelhäuter, zu denen der Igel aber nicht zählt.

Strandwermut

Der Strandflieder ist auch kein Flieder, aber zumindest ist
er fliederfarben und wächst auf den Salzwiesen nah am
Meer. Es gab Jahre, da waren die ganzen Salzwiesen neben dem
Hafen lila und silbern. Das Silberne war der Strandwermut, der
genau genommen Beifuß heißt. Früher haben meine Mutter und
ich uns vor der Abreise immer einen Strauß Flieder und einen
Strauß Strandwermut gepflückt. Den Flieder, eine Art Stroh-
blume, hatte ich ein Jahr lang in meinem Zimmer, den Wermut
im Kleiderschrank. Weil auch andere Mütter und andere Kinder
sich vor der Abreise einen Strauß Strandflieder gepflückt hatten,
gab es bald kaum noch welchen. Ich habe also aus reiner Sen-
timentalität daran mitgearbeitet, eine Pflanzenart in ihrem na-
türlichen Umfeld fast auszurotten – das ist eine bittere Erkenntnis. Inzwischen steht der Strandflieder unter Naturschutz; ich
sehe ihn von Weitem lila leuchten und erinnere mich an das
möwenfarbene Haar meiner Mutter, das muss reichen.

Der Geruch des nicht so seltenen Strandwermuts hängt immer noch an warmen Tagen über der Insel. Die Pflanze ist von
feinsten Härchen bedeckt, sodass sie weich ist wie ein kleines
Pelztier und silbern schimmert. Wenn man seine schmalen
Blätter zwischen den Fingern zerreibt, duftet es würzig und
frisch, und ich bilde mir ein, ich kann das Meer riechen, das

diese Blätter in sich aufgesogen haben. *Artemisia maritima* heißt die Pflanze auf Latein, da sie Artemis, der griechischen Göttin der Jagd und der Wälder, geweiht war. Artemis' silberne Pfeile, die sie unter hohen Bäumen von ihrem silbernen Bogen schoss, müssen in einem ähnlichen Farbton geschimmert haben wie der Strandwermut.

Das Wort »Wermut« ist vielschichtig und suggestiv wie der Duft des Krauts. So ist der Wermut in der Schwermut ganz enthalten, und ein Wermutstropfen, der in seiner Bitterkeit das Schöne trübt, ist wiederum das, was Schwermut hervorruft.

Den Namen »Beifuß« mag ich nicht, er erinnert mich an eine bestimmte Sorte Hundebesitzer.

Wermut und Beifuß galten wie fast alle stark riechenden Kräuter im Volksglauben vieler Kulturen als Schutzmittel gegen Dämonen und Krankheiten. Vor allem gegen Müdigkeit, deshalb sollen Wanderer ihn sich auch in die Schuhe legen, also eben nahe beim Fuß. Plinius der Ältere sagt hingegen, dass der unter das Kopfkissen gelegte Wermut ein gutes Schlafmittel sei.

»Nach einem böhmischen Aberglauben«, heißt es im zehnbändigen *Handwörterbuch des Deutschen Aberglaubens* unter dem Stichwort »Beifuß«,

> kann man am Karfreitag an der Wurzel vom Beifuß ein schwarzes Würmlein (...) finden, das man in ein Fläschchen tun und sorgfältig aufbewahren muß. Der Besitzer des Würmleins darf neun Tage lang nicht beten, sich nicht waschen und muß jeden Tag beim Mittagessen Brot unter den Tisch werfen. Am neunten Tag fängt das Würmchen zu reden an und gewährt dem Besitzer alles, was er will.

Da die Salzwiesen aber inzwischen unter Naturschutz stehen, wird das schwarze Würmlein am Karfreitag wahrscheinlich nicht weiter von ungewaschenen Spaziergängern genötigt, den Flaschengeist zu spielen. Vielleicht hätte es ohnehin nur mit böhmischem Beifuß geklappt, aber was ist mit böhmischem Strandwermut? Vielleicht. Schließlich ahnte schon Shakespeare, entgegen jeder geografischen Wahrscheinlichkeit, das, was Ingeborg Bachmann in ihrem gleichnamigen Gedicht behauptet: »Böhmen liegt am Meer« ...

In einigen Gegenden außerhalb Böhmens ging man allerdings noch einen Schritt weiter und legte den Beifuß zur ewigen Ruhe mit in die Gräber. »Grabeskraut« hieß er mancherorts. Das Bittere, das in ihm steckt, durchdringt auch alle Geschichten über ihn.

Und wenn man doch mal ein filziges Blatt vom Strandwermut abknipst und es zwischen Daumen und Zeigefinger hin und her rollt, wenn sich die silbrigen Haare vom Pflanzensaft dunkel färben, hängt der herbe Duft noch eine Zeit lang in der Luft wie ein Flaschengeist, bevor der Wind ihn erfasst und fortträgt.

Der gelbe Turm

Wer oder was in jenem gelben Turm haust, der 2002 vierzehn Meter tief in den Meeresboden gerammt wurde, gibt bei den Überfahrten zur Insel Anlass zu vielerlei Spekulationen. Der Turm steht links der Fahrrinne, kurz bevor man die ersten lang gestreckten Befestigungen der Spiekerooger Hafenmole passiert. Eigentlich ist es nicht einmal ein richtiger Turm, sondern eine lange Röhre, an deren oberem Ende eine Art Rahmen befestigt ist. Das Ganze sieht aus wie ein riesiger Fernseher mit Loch statt Bildschirm. Und weil er so gelb ist und so unvermittelt aus dem Wasser ragt, erinnert er mich immer an die Teletubbies, bei denen sich ein U-Boot-Periskop ebenso jäh und unerklärlich aus der leeren grünen Landschaft schiebt.

Da man durch den rechteckigen Aufbau hindurchschauen kann und fast nichts daran blinkt, kann es kein Leuchtturm sein. Eine Poststation, mutmaßen manche, wahrscheinlich wegen des briefkastengelben Anstrichs. Ich selbst dachte eine Zeit lang, es sei vielleicht eine kleine Bohrinsel; denn auf dem Feld neben unserem Haus stand in den Siebzigerjahren eine kleine Ölpumpe, die so aussah, als gehöre sie auf einen Abenteuerspielplatz. Sie war aber nicht gelb, sondern dunkelrot. Mein Bruder hingegen sagt, sie sei grün gewesen.

Natürlich ist der Turm nichts von alldem und auch keine zeitgenössische Skulptur. Alle, die es wissen wollen, wissen inzwischen: Das Stahlkonstrukt ist eine Messstation für Meeresforscher. Vielleicht liegt es an der Farbe oder der Form, aber letztlich ist es wohl das Wort »Messstation«: Es fällt mir grundsätzlich schwer, ein Ding, das drei gleiche, aufeinanderfolgende Buchstaben in seinem Namen enthält, wirklich ernst zu nehmen. Deshalb wollte ich unbedingt wissen, was sich dahinter verbirgt.

Die Station wurde vom Institut für Chemie und Biologie des Meeres an der Universität Oldenburg entwickelt. Hier betreibt man Grundlagenforschung: Wie funktioniert das »System Watt«? Der Leiter des Instituts, Dr. Thomas Badewien, holt mich mit dem universitären Forschungsboot *Navicula* am Hafen von Spiekeroog ab.

Mit an Bord sind außer den deutschen Forschern und Mechanikern heute noch drei südamerikanische Meeresforscher, die eigens vom anderen Ende der Welt gekommen sind, um sich den Turm vor Spiekeroog anzusehen. Sie planen, etwas Ähnliches in das Meer am Südzipfel ihres Kontinents zu stellen, denn dort schmilzt das Eis, und man benötigt dringend zuverlässige Daten über die Entwicklung der Ozeane.

Während wir die Metallleiter außen am Turm hinaufklettern, erscheint es mir schlüssig, dass eine Messstation mit drei »s« auch eine Metallleiter mit drei »l« in der Mitte hat. Beim Aufstieg sehe ich am Turm die algige und seepockige Übergangszone zwischen Ebbe und Flut: Dies ist die empfindlichste Stelle der Station. Falls sie je ein Loch bekäme, wäre es genau hier und aufgrund eben dieses Bewuchses, den die Forscher »Biofouling« nennen, was zwar mehr nach Komposthaufen klingt als nach Seepocken, aber letztlich geht es um dieselben Prozesse.

Das Erklimmen des Turms fühlt sich an wie das Sich-an-Bord-Hieven, nachdem man von einem Boot ins Wasser gesprungen ist: Die Schwerkraft zieht von hinten, und ohne Armkraft und Brustmuskeln kommt man nicht hinauf. Universitätsdozenten mögen im Elfenbeinturm wohnen, aber um einen solchen überhaupt erst betreten zu können, reicht es nicht, einfach nur Hirnmasse zu besitzen. Ein paar Muskeln können nicht schaden.

Auf dem Turm ist es zugig. Durch den rechteckigen Rahmen sowie die Löcher im Gitterfußboden bläst es kalt, und das ganze Konstrukt schaukelt leicht, obwohl kaum Wind geht.

Die Messungen finden vor allem im Inneren der Röhre statt, und zwar in dem Teil, der unter dem Meeresspiegel liegt. Eine Falltür öffnet sich. Ich klettere langsam hinein und versuche, nichts dabei zu finden, dass das Metallrohr nur einen Durchmesser von 1,6 Metern hat. In dieser Röhre unter das Meer zu klettern, finde ich schwieriger, als außen an ihr zu hängen. Hier drinnen ist es feuchter als draußen. Ich rieche das Meer und das Salz. Die Ausdünstungen des nassen Eisens schmecken im Mund wie Blut. Vier Meter unter dem Wasserspiegel gibt es eine Plattform mit einem quer liegenden Rohr: Die Nordsee fließt hier frei hindurch, mal von links nach rechts, mal von rechts nach links, je nach den Gezeiten.

In diesem Rohr befinden sich die meisten der Sensoren und messen Salzgehalt, Temperatur, Druck, Geschwindigkeit. Dies ist das Herz der Messstation. Und weil es so tief unter der Wasseroberfläche liegt, friert es nicht ein, und die Messungen können selbst im tiefsten Winter durchgeführt werden.

Ich stelle mir vor, wie es sich anfühlt, wenn sich über dir das Eis um den Turm schließt, und du stehst in der Röhre und hörst, wie die dicken Schollen am Metall kratzen und klopfen, wie das

Eis immer weiter nach unten friert, aber niemals weit genug, um bei dir anzukommen. Aber kalt wird es trotzdem sein.

Unter Wasser ist alles anders: Von den großen Sturmfluten, die tobend und wild ganze Küstenstreifen ins Meer reißen, ist hier nur wenig zu spüren. Gleichzeitig gebe es Strömungen, sagt Thomas Badewien, die wiederum unter Wasser viel mehr auf den Kopf stellten als die stärkste Sturmflut oben. In der Gegensätzlichkeit zwischen dem Sichtbaren und dem, was unter der Oberfläche wirkt, ähnelt das Meer der menschlichen Natur. Bei den Meeresforschern hingegen ist das Meer höchstens Sinnbild dafür, dass der Mensch nur ein Teilchen innerhalb der Natur ist.

Eisgang oder Sturmflut, der Turm misst, zeichnet auf, sendet. Ob nun im Laufe der Zeit mehr Schlick aus dem Watt herausgespült als Sand ins Watt hineingespült wird, darüber lässt sich noch keine eindeutige Aussage machen. Um das herauszufinden, müsse man noch ein bisschen länger messen, sagt der Meeresphysiker Badewien und bietet mir an, einen Kontakt zu einer Sedimentologin herzustellen, mit der er sich regelmäßig austauschen würde. Das ist ein Satz, über den ich so lange nachdenken muss, bis ich das Gefühl habe, selbst langsam abgetragen zu werden: Über den Austausch von Sedimenten im Austausch mit Sedimentologinnen zu stehen, das wirft noch mal ein neues Licht auf Bilder und Metaphern. Sind Naturforscher dichter an der Natur als die Dichter? Ja und nein. Die Forscher zerlegen und unterscheiden, die Dichter verdichten und stellen Zusammenhänge her. Vielleicht sehen die einen Bäume und die anderen den Wald. Aber vielleicht stößt man beim Nachdenken über die Grundfragen der Natur immer auf die Grundlagen der Sprache, die sich oft aus der Natur speist und aus dieser entsteht. Oder ist es genau umgekehrt?

Nachdem ich den feuchten Schacht, der mich an *Alice im Wunderland* erinnert, wieder hinaufgeklettert bin, riechen meine Hände nach Rost, und ich bin froh über die Sonne und den kalten Wind. Auf dem Dach der Messstation stehen Sonnenkollektoren und ein kleines Windrad; hier wird die Energie für das Radargerät gesammelt, das sich dort oben dreht. Alle Daten und Aufnahmen, alle Dinge, die über und unter Wasser gemessen werden, werden digital erfasst und sind für alle Menschen, die es interessiert, auf einer öffentlichen Website abrufbar.

Gleich neben dem Windrad liegt ein toter Vogel, es muss ein Strandläufer sein, er ist braun-weiß gestreift und hat Schwimmhäute zwischen den Zehen. Er ist auf der ganzen Fläche verteilt, hier ein Flügel, dort ein Stück Wirbelsäule. Alle schauen betreten auf das zerfetzte Tier. Ein Chilene witzelt, dass es nicht das sei, wonach es aussehe, und dass es keinerlei Verbindung zwischen dem Windrad und dem Kadaver gebe. Alle lachen ein bisschen zu laut, aber wissen auch, was die Windkraftgegner und Atomkraftbefürworter jetzt über Vogelschreddermaschinen sagen würden.

Hier oben sind zudem Kameras angebracht. Einer der anwesenden Wissenschaftler erforscht die Farbe des Wassers, Meer und Licht. Was sich zunächst anhört wie eine literaturwissenschaftliche Abhandlung über Goethes letzte Worte, »Mehr Licht!« (Meerlicht?), oder über moderne Naturlyrik, ist in Wirklichkeit eine Untersuchung von Veränderungen des Wassers, Folgen des Klimawandels. Der junge Mann spricht von Algenblüten, die vorausgesagt werden könnten, von den Folgen der Verdunklung der Meere, Nordseedämmerung, und das Radargerät auf dem Turm mache Bilder von ganzen Wellenfeldern. Seine Erläuterungen hören sich immer noch an wie eine Abhandlung über moderne Naturlyrik, und dabei schwingt, wie in den Gedichten, ein Bewusstsein für die Verletzlichkeit des besungenen Gegenstandes mit – auch wenn alle auf dem Schiff immer wieder betonen, dass bei ihnen nicht überwacht, sondern nur geforscht würde: Als Naturwissenschaftler dürfen sie nicht schon vorher wissen, was sie herausfinden wollen. Das dürfen letztlich auch die Naturlyriker nicht, aber beide müssen gute Sensoren haben und können voneinander lernen.

Mit Unbehagen denke ich an den toten Vogel.

Später frage ich den Elektromechaniker, ob er öfter solche Überreste da oben wegräumen müsse. Er sagt, ja, das müsse er. Es gebe nämlich einen Sperber, der seine Beute bevorzugt hier auf dem Turm verzehren würde. Ich bin unverhältnismäßig froh, das zu hören. Wenn ein Vogel ins Windrad käme, fügt der Mechaniker hinzu und zeigt auf die weißen Blätter des Windrads, wäre nicht nur das Tier, sondern auch das Windrad kaputt, denn das halte ja nicht mal einen Hagelschauer aus.

Ich erzähle es sofort dem Chilenen, und er lacht. Ihm und seinen argentinischen Kollegen gefällt der gelbe Turm. Für die Oldenburger Meeresforscher ist allerdings ganz Spiekeroog ein Labor. So liegen zum Beispiel ein Dutzend schwimmender Inseln in der Nähe des Hafenbeckens im Watt. Bei näherem Hinsehen sind es silbergraue Stahlkäfige, in denen die Wissenschaftler das Entstehen von Wattflächen und Salzwiesen nachbilden und so die Auswirkungen des steigenden Meeresspiegels, der Erd- und der Wassererwärmung untersuchen können. Nicht dass diese Bauten irgendwie malerisch oder kühn gestaltet wären, aber die Spiekerooger dulden sie trotzdem. Die Behälter dienen dem Erforschen und damit dem Erhalt dessen, was Spiekeroog so reizvoll macht. Dass sie selbst das reizvolle Ambiente stören, ist Nebensache.

Warum ausgerechnet auf Spiekeroog? Warum gibt es so ein Natur-Labor nicht auf einer der anderen sechs Inseln?

Der Meeresphysiker erklärt, dass das Wasser vor Spiekeroog von allen Ostfriesischen Inseln am ungestörtesten sei. Um Wangerooge würde es zu stark von der Weser, bei den anderen Inseln zu stark von der Ems gespeist werden, was die Allgemeingültigkeit der Messwerte verringere. Das Wasser der anderen Inseln wird also, im wahrsten Sinne des Wortes, zu stark beeinflusst. Demnach ist das Meer um Spiekeroog noch das Meer und das Watt das Watt. Ich wünsche mir sehr, dass es so bleiben könnte. Die Aufklärung des Vogeltods hat mir Zuversicht gegeben, und so frage ich, ob es schon einmal einen Unfall gegeben hätte auf der Station. Herr Badewien überlegt und sagt: »Gleich zu Anfang ist ein Fischkutter gegen den Turm gefahren. Der Kapitän sagte, er habe ihn nicht gesehen. Die Sonne habe gerade so geblendet. Niemand ist zu Schaden gekommen.«

Das Leben schreibt zwar nicht die besten Geschichten, denn um die zu bekommen, bedarf es einer Erzählinstanz. Doch ab und zu schenkt uns das Leben einen Schwank. Der Ursprung des Wortes »Schwank« liegt im mittelhochdeutschen Ausdruck für »Schwung« oder »Hieb«, und die Fischkuttergeschichte bekommt ihren Schwung durch einen Hieb, die *punchline* des Schwanks ist selbst ein *punch*, was mir auf mehreren Ebenen behagt. Außerdem kann ich mir damit einbilden, dass mein Schreiben über diesen Ort der Forschung immer auch ein Forschen nach der Verortung meines Schreibens ist.

Schwimmen 5

Vom Strand aus gesehen, zieht sich die Nordsee bis zum Horizont. Von der Südseite der Insel aus kann man das Festland eigentlich immer ganz gut erkennen. Es liegen nicht mehr als sechs oder sieben Kilometer flaches Wasser dazwischen. Dies ist das eigentliche Wattenmeer.

Die Fahrrinne für die Spiekeroog-Fähren ist eng und nicht besonders tief, und die Schiffe fahren nach einem strengen Zeitplan, der von den Gezeiten abhängt. Bei Niedrigwasser hebt sich sowohl auf der Festlandseite als auch auf der Inselseite das Watt über weite Strecken aus dem Meer.

Ich kenne Menschen, die in eine oder beide Richtungen gesegelt oder gesurft oder sogar zu Fuß gegangen sind, aber ich glaube, schwimmend haben sich der Insel noch nicht so viele genähert. Sicher weiß ich, dass es zwei Leute vor einigen Jahren ausprobiert haben. Mein schwimmender Freund Michael war zusammen mit seinem Kumpel Harry am Morgen in Neuharlingersiel losgeschwommen und nach knapp zwei Stunden im Hafen von Spiekeroog an Land gegangen. Zur Vorbereitung trainierten sie, längere Strecken mit Neoprenanzug zu schwimmen, studierten noch mal die Seekarte, prägten sich den Verlauf der Fahrrinne ein, rechneten sich aus, wie lange sie bis wohin brauchen würden und wann sie starten müssten. Am Abend vorher tranken sie viel Wasser und isotonische Sportgetränke, Michael packte auch noch sein Telefon, einen Zehneuroschein und einen Marsriegel in den Neo, und dann gingen sie früh schlafen. (Um an dieser Stelle eventuelle Nachahmer sofort zu entmutigen: Beide Männer sind aktive Leistungsschwimmer und nehmen neben ihren Berufen immer noch an internationalen Wettkämpfen teil. Michael war in seiner Jugend im Kader der deutschen Herren-Nationalmannschaft und ist in seiner Altersklasse noch immer einer der schnellsten Langstreckenschwimmer Europas. Für einen Sommerurlauber, der sich Fahrkarte und Kurtaxe sparen will, ist das also nichts!)

Die Männer hatten den Plan, nach einer Stunde des Schwimmens einmal zu schauen, wo sie sich befanden. Wenn schon abzusehen war, dass sie viel länger brauchen würden als zwei Stunden, müssten sie umkehren. Bei Nebel, Kälte, starkem Regen, Sturm oder wenn man vom Festland aus die Insel nicht gesehen hätte, hätten sie es gar nicht erst versucht. Sie trugen zwar Schwimmbrillen und leuchtend bunte Badekappen, doch als ich Michael fragte, ob sie auch Flossen angehabt hätten, schaute er mich befremdet an und sagte: »Wir sind Schwimmer.« Was offenbar bedeutete: keine Flossen.

Das Schwimmen ist eine besondere Fortbewegungsform, gerade wenn man auf eine Insel möchte: Ohne Hilfsmittel, unabhängig von jedwedem Material, außer vielleicht dem, das man direkt am Körper trägt, wechselt man mit einem kurzen Abstoßen vom Boden leichtfüßig das Element. Es ist ein Gefühl von Freiheit, wenn man nur durch die Abfolge bestimmter Körperbewegungen, die, vollführte man sie auf der Erde oder in der Luft, nichts bewirken würden, im Wasser plötzlich Fahrt aufzunehmen vermag.

Die Bedingungen waren gut. Die Sonne schien, die Insel war in Sicht. Das zeltartige Dach der katholischen Kirche, von Weitem das auffälligste Erkennungszeichen der Insel, hob sich scharf vom Himmel ab. Allerdings waren die beiden nicht so pünktlich losgeschwommen, wie sie es geplant hatten. Sie ließen die lange Buhne im Hafen von Neuharlingersiel zu ihrer Linken und merkten nach wenigen Zügen, dass es leichter ging als erwartet.

Nach ungefähr zwei Kilometern, nach achtundzwanzig Minuten des Schwimmens, endete der steinerne Wall, und die Männer erkannten, dass so ein Wellenbrecher tatsächlich das tat, was vom Namen her seine Bestimmung war, nämlich Wellen zu brechen: Dahinter wurde das Wasser gleich viel unruhiger, der Wellengang höher, die Fahrrinne tiefer, und es herrscht eine besonders starke Strömung.

Der Unterwassersog zog die Schwimmer mit Macht nach Osten. Michael, der beim Kraulen zur linken Seite atmet, sagt, er habe bei jedem Atemzug stark nach links lenken müssen, um auf Kurs zu bleiben. Harry ist nach eigener Aussage »Rechtsatmer«, was sich anhört, als wäre er ein besonders leidenschaftlicher Jurist, dabei ist er Zahnarzt. Er kannte den Weg am besten und schwamm vorne.

Anders als im Becken gibt es auf dem Boden des Watts keine Markierungen, und damit sie auf Kurs blieben, orientierten sich die beiden zunächst an den dünnen Birkenstämmchen links entlang der Fahrrinne. Nach kurzer Zeit sah Michael beim Atemholen aus dem Augenwinkel, dass Harry vor ihm nicht mehr dort schwamm, wo er hätte schwimmen sollen. Und nach ein paar weiteren Atemzügen bemerkte er, dass Harry ihm wieder entgegenkam: Er hatte bei jedem Atmen ein Birkenstämmchen anvisiert, und statt an ihm vorbeizuschwimmen und das nächste anzusteuern, hatte er während der Schwimmzüge, die er mit dem Kopf unter Wasser ausführte, die Richtung so stark geändert, dass er beim Hochkommen nicht das nächste, sondern immer noch dasselbe Bäumchen anschaute. Da das Bäumchen aber jetzt erst recht nicht an der richtigen Stelle stand, drehte er noch mehr, tauchte wieder auf, drehte wieder etwas, bis er schließlich schon fast wieder auf der anderen Seite der Fahrrinne zurückschwamm. Wenn Michael nicht gerufen hätte, wäre Harry womöglich den ganzen Tag im Kreis geschwommen. Die Männer beschlossen, die Birkenstämmchen in jeder Hinsicht links liegen zu lassen und sich nur noch streng an Bojen und der Insel selbst zu orientieren. Das war nicht einfach, denn auch bei ruhiger See sind die Wellen meistens höher als ein Kopf, der sich knapp über der Wasseroberfläche bewegt.

Ein paar Hundert Meter hinter dem Ende der langen Buhne von Neuharlingersiel trafen sie auf Seehunde, die sie ein Stück begleiteten.

Seehunde wohnen zwar an Land, dort wälzen sie sich herum, balgen und paaren sich, kümmern sich um ihre Babys und schlafen, doch im Wasser jagen und essen sie. Sie vollführen den Wechsel der Elemente viele Male am Tag, sind Tiere des Übergangs und damit wie geschaffen für ein Leben im Zwischenreich Watt. Die Tiere tauchten auf, wenn die beiden Schwimmer auftauchten, schwammen mit ihnen, und dann und wann glitt eines der Tiere tief unter ihnen hindurch, nur als Schatten sichtbar. Nach einiger Zeit tauchte einer der Seehunde seitlich weg, ein neuer Seehund kam dazu, doch irgendwann waren alle wieder verschwunden.

Um ganz sicherzugehen, dass sie nicht vom Kurs abgekommen waren, machten Michael und Harry einmal am Rand der Fahrrinne halt, stellten sich hin und blickten sich kurz um. Die

Insel war noch da, wo sie sein sollte, das Festland auch, die nächste Boje war in Sicht. (Ich glaube, hier hat Michael den Marsriegel gegessen.) Die Zeit wurde langsam knapp. Zügig und schweigend kraulten sie durch das Wattenmeer. Als sie die Mündung des Spiekerooger Hafens erreichten, hatte sich die Tide bereits gedreht, und die beiden Männer ließen sich ins Hafenbecken treiben, bis zu jener Eisenleiter, die vom Wasser an die Mole reicht.

Es ist immer ein besonderer Moment, wenn man den Elementewechsel erneut vollziehen muss: Von Land zu Wasser ist es nur ein Sprung, ein leichtes Anheben der Beine. Möchte man jedoch wieder zurück in sein angestammtes Element, schleppt man sich schwerfällig an Land, und es fühlt sich an, als müsste man die gesamte Evolutionsgeschichte noch einmal selbst durchlaufen.

Die Leute am Hafen staunten nicht schlecht, als zwei Männer mit Badekappen, Schwimmbrillen und schwarzen Neoprenanzügen aus dem Wasser stiegen, ihre bunten Köpfe über den Rand des Hafenbeckens streckten und sagten, sie seien jetzt hungrig. Barfuß und mit heruntergerollten Neos gingen sie in die Teestube. Die Wasserlachen unter ihren Stühlen störten sie weniger als die Tatsache, dass man hier für einen nassen Zehneuroschein nicht besonders viel zu essen bekommt.

Harry hat den Weg inzwischen schon drei- oder viermal allein zurückgelegt, ohne Schokoriegel und ohne Geld. Das Zwischenreich des Wattenmeers ist genau das Richtige für Leute, die so gut schwimmen, wie sie laufen. Einmal ist er allerdings Kopf voran in eine Qualle geschwommen, und einmal hat er sich die Hand an einer Muschelkante geschnitten. Die Seehunde trifft er bei jeder Überquerung – immer an derselben Stelle. Nach zehn oder zwanzig Metern verschwinden sie wieder. Und einmal sei ihm ein Fischer begegnet, der sich aus seinem Kutter gelehnt und gefragt habe, was Harry da mache. Harry rief zurück, er wohne hier, und danach machte sich jeder wieder auf seinen Weg durchs Watt.

Wattwandern

Das eigentliche Wattgebiet ist der Teil, der kaum bewachsen, aber dennoch voller Leben ist. Es ist Land und Meer zugleich. Bei jeder Flut wird seine Oberfläche vollständig mit Wasser bedeckt. Oder muss ich sagen, sein Grund? Es ist wirklich eine Frage der Perspektive: Ist die graue Schlicklandschaft freigelegter Meeresgrund oder überflutete Erdoberfläche?

Bei Ebbe ist sie durchzogen von trüben Prielen, die tief und reißend sein können. Das ist die Zeit, in der man über das Watt gehen kann, wenngleich einem die Schuhe oft darin stecken bleiben. Beim Wattwandern muss man die Gezeiten im Blick haben. In dieser flachen Landschaft steigt das Wasser rasch und von allen Seiten auf einmal an. Die tiefen Priele werden dann unsichtbar, verschwinden aber nicht. Wenn dazu noch Seenebel aufkommt, ist man verloren.

Bei gutem Licht und schlechtem Wetter war ich das erste Mal auf einer Wattwanderung. Mein Bruder, meine Mutter und ich stapften brav mit den anderen Leuten hinter unserem Wattführer her. Wir hatten keine Schuhe an. Ich weiß aber nicht mehr, ob wir keine dabeihatten oder ob meine Mutter nicht wollte, dass wir unsere Turnschuhe zugrunde richteten. Mein Bruder hasste es, barfuß durch den Schlick zu gehen, ich behauptete auch, es zu hassen, obwohl ich es eigentlich ganz schön fand, aber mein Bruder war älter als ich, und für eine gewisse Zeit in meiner Kindheit reichte das aus, damit er bestimmte, was ich hasste und was nicht. Diese seltsame Geschwisterdynamik führte unter anderem dazu, dass ich mir mit fünf Jahren sehnlichst ein Walkie-Talkie zu Weihnachten wünschte und auch bekam, obwohl ich Walkie-Talkies hasste und nicht ein einziges Mal damit gespielt habe. Doch mein Bruder fand Walkie-Talkies so toll, dass es mir nie in den Sinn gekommen wäre, dass sie womöglich gar nicht so toll waren. Als ich sie auspackte, war ich schockiert: weniger über die hässlichen schwarzen Plastikteile, die giftig rochen, als vielmehr darüber, dass ich es nicht schaffte, mich unbändig zu freuen.

Wir latschten also maulend im Nieselregen durch den Schlamm und froren, vielleicht bekamen wir auch etwas Toblerone von unserer Mutter, um uns bei Laune zu halten, das weiß ich nicht mehr. Mein Bruder schnitt sich die Fußsohle an einer Muschel auf, nicht tief, aber schmerzhaft genug, um das gesamte Watt inbrünstig zu verabscheuen.

Gerade als wir uns entschieden hatten, alles ätzend zu finden, geschah etwas ganz Ungeheuerliches. Unser Wattführer blieb stehen, grub ein bisschen im Boden und zog eine fast handtellergroße Sandklaffmuschel heraus. Sie schimmerte glasig weiß im dunklen Schlamm und war noch ganz geschlossen. Mit einem Werkzeug hebelte er sie auf, und in einer einzigen fließenden Bewegung und ohne dass er uns vorher gewarnt hätte, setzte er die Muschel wie eine Suppentasse an den Mund und schlürfte sie aus. Er schluckte laut und lächelte zufrieden. Die Schalen warf er zurück in den Schlamm. Mein Bruder und ich waren fassungslos – ob vor Bewunderung oder Entsetzen, vermögen wir bis heute nicht genau zu sagen.

Natürlich zeigte uns der Wattführer auch einen dicken Wattwurm und dessen u-förmigen Gang mit dem Loch für Luft und Nahrung am einen Ende und dem Sandspaghettikackehäufchen am anderen. Wir schauten einer Herzmuschel dabei zu, wie sie sich wackelnd in den Sand grub. Eine Strandkrabbe im flachen Wasser rannte auf spitzen Füßen seitlich davon, und ich berührte die sandige Wohnhülle eines Bäumchenröhrenwurms. Doch das alles verblasste gegen die Unerhörtheit der kaltblütig geschlürften Klaffmuschel. Hätte der Wattführer vor unseren Augen auf dem Deich ein Schaf gerissen und verspeist, wir hätten kaum erschütterter sein können.

Das Watt war für mich seitdem ein Ort, an dem nicht nur die Formen, sondern auch die Normen des Festlands aufgehoben waren. Eine graue, scheinbar eintönige Landschaft, in der jedoch unter- wie überirdisch Seltsames brodelte: »Ich höre des gärenden Schlammes geheimnisvollen Ton«, schreibt Theodor Storm in einem Meeresgedicht, und mein Bruder und ich, wir hörten ihn auch, diesen Ton. Er klang wie ein Schluckgeräusch.

Als wir später im Physikunterricht elektromagnetische Felder behandelten und über das Messen elektromagnetischer Wellen sprachen, nahm es mich nicht wunder, dass die Intensität dieser Wellen mit der Maßeinheit »Watt« bestimmt wurde. Ja, bei den Worten »elektromagnetisches Feld« sah ich das gesamte blubbernde Wattenmeer mit seinen Gezeiten, Wellen und energetischen Strömungen, die allesamt von komplexen physikalischen Kräften gesteuert wurden. Und hatte nicht auch schon bei *Jim Knopf* das Meeresleuchten etwas mit Magnetismus zu tun? Und war Bernstein sprachlich betrachtet nicht dasselbe wie ein Elektron?

Und so schien es mir, als sei alles im Watt mit Bedeutung aufgeladen, als sei alles mit allem verbunden und leite sich voneinander ab wie ein Stromkreislauf oder ein Energiefeld – und diese Vorstellung elektrisiert mich bis zum heutigen Tag.

IX. DAS KÖRPERGEDÄCHTNIS

Mein Vater war Professor für Physik, er unterwies also andere in der Lehre von den *Körpern*. Meine Mutter erteilte Sportunterricht, also *Leibes*erziehung. Und doch führten mein Bruder und ich zu Hause eine weitaus weniger physische Existenz als auf Spiekeroog: Hier auf der Insel hatten wir mehr Hunger, mehr Durst, taten uns öfter weh, liefen mehr barfuß, schwitzten und froren mehr, wurden öfter nass. Wir aßen Sachen, die wir zu Hause nicht aßen, wie zum Beispiel sehr lange Lakritzstangen oder kleine Becher rosafarbener Quarkspeise mit Kirschgeschmack oder Salat mit Fischfilet. Ich erinnere mich, dass ich auf Spiekeroog Sanddornbeeren naschte, die so sauer waren, dass es sich anfühlte, als ziehe sich mein Mund zu einem kleinen roten Stern zusammen, als würden meine Augäpfel nach innen gesogen, und ich musste reflexartig die Lider zukneifen. Zu Hause hatten wir zwei Sanddornbäume im Garten, doch es wäre mir nicht im Traum eingefallen, ihre Beeren zu essen.

Auf Spiekeroog hörten wir den ganzen Tag das Meer, die Möwen, den Wind, die Leute, die Tauben, die Stare, Fasane, Spatzen, Seevögel und die Elektrokarren.

Unsere Augen waren immer gerötet. Den ganzen Tag beobachteten wir Dinge, schauten aufs Wasser, nach der Badefahne, den anderen Kindern, den Eltern, dem Strandkorb, suchten Muscheln und Bernstein. Wir machten im Salzwasser die Augen auf, obwohl es brannte, und im Wind kniffen wir sie zu, bis wir Farbschlieren sahen, meistens pink und grün. Und es roch immer so gut. Ich kenne keinen Ort, der besser riecht.

Meine Mutter sagte, das Beste und Gesündeste, was man auf Spiekeroog machen könnte, sei einfach nur zu atmen. Ja, das Atmen erschien ihr wie eine zusätzliche Sinneswahrnehmung, etwas zwischen Riechen, Schmecken und Tasten – mit den Flimmerhärchen als Fühler.

Deshalb war das Reizklima so ein wichtiger Aspekt unserer jährlichen Aufenthalte, aber eigentlich mag ich Spiekeroog auch für die Reize, die es nicht versendet: Wenn es Nacht ist, sieht man zum Beispiel in großen Teilen der Insel überhaupt nichts. Das ist schön, gerade weil es einmal nichts zum Anschauen gibt.

(Aber natürlich stört es auch nicht, wenn das Meer leuchtet und die Sternschnuppen fallen. Wir wenden uns nicht ab und sagen, uh, das Meer leuchtet so aufdringlich, oder, uh, die Sterne funkeln so kitschig heute Nacht.)

Nachts kann es so leise sein, dass man davon aufwacht. Im Sommer quaken manchmal die Frösche, aber selbst die sind irgendwann still.

Und dann gibt es auf Spiekeroog Gerüche, Geräusche und Empfindungen, die es eigentlich gar nicht mehr gibt. Nicht allem muss nostalgisch hinterhergeseufzt werden, aber ich will sie mir dennoch bewusst machen wie bei einer Inventur, eine Inventur der Wahrnehmung.

Da ist der so metallische wie organische Geruch des Inneren einer ganz mit Spinnweben ausgekleideten Telefonzelle, zum Beispiel. Auf Spiekeroog stehen noch mindestens vier davon.

Der einstige Milchladen riecht immer noch nach Milch, genauer: Rohmilch, weil er inzwischen ein Käseladen ist. Für immer verloren ist jedoch der Wolle-Stein-und-Seehundsfell-Geruch des Ladens von Swantje Willms. Auch der herbe Rhabarberduft des blühenden Blutjohannisbeerstrauchs auf dem Hof der Spedition Oltmanns ist mit dem Strauch verschwunden. Dieser Geruch knallt wie kein anderer ganz unmittelbar in die Rezeptoren meines Hirnstamms. All meine Kindheitssommer sind im Duft jener rauen Blutjohannisbeerblätter und ihrer unscheinbaren Blüten gespeichert.

Das Pferdegetrappel der Müllabfuhr ist ebenso weg wie das Klatschen des Filmstreifens am Ende der sich drehenden Filmrollen im Inselkino. Das Donnern und Kreischen der Tieffliegerstaffel aus dreieckigen Starfighter-Jets ertönt nicht mehr. Wenn die Tiefflieger kamen, legten mein Bruder und ich jedes Mal den Kopf in den Nacken und winkten und lächelten zum Himmel, denn unser Onkel Hermann war Starfighter-Pilot, und wir waren davon überzeugt, dass er nur uns zuliebe eine Runde über Spiekeroog drehte und auch nur deshalb so dicht am Boden flog, weil er nach uns Ausschau hielt. Er hat das auch nie abgestritten.

Die Reckstangen sind fort, und damit der rostige Geruch unserer Handinnenflächen, der Schmerz in den Kniekehlen, wenn der Wundschorf beim Strecken der Beine Risse bekam.

Aber auch die »Teerklumpen« am Strand sind fast verschwunden. Das waren durch Verdunstung, Zersetzung und Oxidation zäh gewordene Altölreste, die in den Siebzigerjahren massenweise unten am Flutsaum lagen und einem nach jedem noch so kurzen Strandspaziergang an den Fußsohlen klebten. Erst als ich älter war, begriff ich, dass diese Klumpen die Folge illegaler Altölentsorgungsmanöver auf See waren. Es gab wirklich viel von diesem lästigen Zeug, das man sich mehrmals täglich mit einer Muschel von den Fußsohlen schabte, um nicht Fußböden, Duschwannen, Schuhe und Socken zu ruinieren.

Dass sie heute nicht mehr sichtbar sind, ist eine Folge schärferer Gesetze, aber ich frage mich trotzdem, wo die Altölklumpen aus meiner Kindheit jetzt sind. Nicht dass ich sie vermisste, aber müssten sie nicht irgendwo sein? Sollten sie sich wirklich abgebaut haben? Restlos? Nein, das wäre zu schön, um wahr zu sein.

Die klebrigen Reste haben sich schließlich nicht nur an unsere Fußsohlen geheftet, sondern auch an Muscheln, Sand und andere feste Körper. Dadurch hat sich ihr spezifisches Gewicht erhöht. Bei der nächsten Flut wurden sie mit ins Meer genommen und sanken auf den Grund. Langsam bedeckten sie sich mit Sand und Schlick und wurden so zu einem Teil des Meeresbodens, wo sie allerdings weiteren chemischen Veränderungen unterworfen bleiben, wo sie Gifte ausströmen, von Tieren gefressen werden oder sich an Tiere heften können.

Die Teerklumpen, Tiefflieger und sogar die Mülldeponie mit den kreisenden Möwen darüber konnte man im Laufe der Zeit loswerden, aber vieles ist tatsächlich verloren gegangen. Irgendwann ging uns auch noch unsere Mutter verloren. Sie, die ihr ganzes Leben vom schmerzhaften Gedenken an die Landschaft ihrer Kindheit heimgesucht wurde, verlor das Gedächtnis. Die von ihr gestellten Bedingungen für Spiekeroog, nämlich schwimmen und Strandkorbnummern lesen können, erfüllte sie eines Tages selbst nicht mehr. Wir fuhren trotzdem noch einige Jahre mit ihr hin, es gab keine gefährlichen Autos, und der Weg zum Strand war noch lange in ihrem Körpergedächtnis eingezeichnet. Vielleicht muss sich dieses Buch gerade deshalb so sehr aus Erinnerungen speisen: Schließlich ist es auch die Erinnerung an eine Frau, deren Heimweh nicht einmal dann verschwand, als sie die Heimat-Erinnerungen längst verloren hatte, die ihr solches Weh bereiteten.

Seit Jahrzehnten sammle ich Muscheln, so als könnte ich mit ihnen das Meer, den Sommer, die Zeit aufheben. In Thomas Manns *Doktor Faustus* hat der Vater des Protagonisten Adrian Leverkühn einen Beruf, den ich auch gerne ergriffen hätte, wenn es ihn gäbe: Er versucht, die geheimen Schriftzeichen auf den Schalen von Meeresmuscheln zu entziffern. Bis zu seinem Tode gelingt es Herrn Leverkühn senior nicht, diese besondere Wasserzeichensprache zu entschlüsseln oder gar zu verstehen. Und doch ist sein Leben nach meinem Empfinden zutiefst sinnvoll. Die in Kalk erstarrten Wellen und Wirbel der Muscheln, ihre schimmernden Hohlräume, die wir mit den weichtiergleichen Formen unserer Träume, Visionen und Erinnerungen füllen, mögen zwar auf der Fensterbank den Staub fangen. Doch die Bilder, Zeichen, Geschichten, die auf ihren Schalen verzeichnet sind und aus ihrem Inneren steigen, sind unverbraucht, verfangen sich in den Wirbeln und Wellen unseres Gehirns, haften in den Ecken, Falten und Beugen unseres Körpers, hängen zwischen unseren Wimpern und in den geschwungenen Rillen der Haut auf unseren Fingerkuppen.

Wenn ich fertig geschrieben habe, kann ich getrost den Hut mit den Muscheln, die ich sommerüber gesammelt habe, ins Meer werfen und fahren mit wehendem Haar. Und wiederkommen.

Wann?

Frag nicht.

Literatur

Folgende Bücher habe ich konsultiert und/oder zitiert:

PRIMÄRLITERATUR
Anonymus: »Du bist mîn«, *Des Minnesangs Frühling I*, Stuttgart, Hirzel, 2007.
Ingeborg Bachmann: »Lieder von einer Insel«, *Sämtliche Gedichte*. © 1978 Piper
    Verlag GmbH, München.
Hilde Domin: »Wen es trifft«. In: dies., *Sämtliche Gedichte*, © 2009 S. Fischer
    Verlag GmbH, Frankfurt am Main.
Stefan George: »Herr der Insel«, *Sämtliche Werke*, Band 3, Stuttgart,
    Klett-Cotta, 1991.
Johann Wolfgang Goethe: *Faust II*, 2, 8474–8479, *Hamburger Ausgabe*, Band 3,
    Dramen 1, München, C. H. Beck, 1986.
Günter Grass: *Die Rättin*, München, Luchterhand, 1986. © 1993 Steidl Verlag,
    Göttingen.
Heinrich Heine: »Poseidon«, *Buch der Lieder*, München, dtv, 1983.
Karl Jaspers: *Was ist Philosophie*, S. 7, © 2013 Piper Verlag GmbH,
    München.
Thomas Mann: »Anna Karenina«, *Essays*, Band 5, Frankfurt am Main,
    S. Fischer, 1996.
Thomas Mann: *Doktor Faustus*, Frankfurt am Main, S. Fischer, 2014.
Friedrich Nietzsche: »Im großen Schweigen«, in: *Morgenröte. Gedanken über die
    moralischen Vorurteile. Kritische Studienausgabe* Band 3, Berlin und New York,
    de Gruyter, 2005.
Ovid: *Metamorphosen*, Wiesbaden, Drei Lilien, 1986.
Rainer Maria Rilke: »Die Insel. Nordsee«, *Neue Gedichte. Und Der Neuen Gedichte
    anderer Teil*, Frankfurt am Main, Insel, 1974.
Friedrich Schiller: »Menschliches Wissen«, *Sämtliche Werke*, Band 1, München,
    Hanser, 2004.

Friedrich Schiller: »Über naive und sentimentalische Dichtung«, *Sämtliche Werke*, Band 5, München, Hanser, 2004.

Theodor Storm: »Meeresstrand«, *Gesammelte Werke*, Band 1, Frankfurt am Main, Insel, 1983.

Henry David Thoreau: »Walking«, *Walden and Other Writings*, New York, Random House, 2000.

Paul Valéry: »Der Mensch und die Muschel«, *Merkur* 1 (2), Stuttgart, Klett-Cotta, 1947.

SEKUNDÄRLITERATUR ZU SPIEKEROOG

Frank Bajohr: »*Unser Hotel ist judenfrei*«. *Bäder-Antisemitismus im 19. und 20. Jahrhundert*, Frankfurt am Main, Fischer Taschenbuch, 2003.

Johannes Meyer-Deepen, M. P. D. Meijering: *Spiekeroog. Geschichte einer ostfriesischen Insel*, Kurverwaltung Nordseebad Spiekeroog, 1970.

Johannes Meyer-Deepen, M. P. D. Meijering: *Spiekeroog. Naturkunde einer ostfriesischen Insel*, Kurverwaltung Nordseebad Spiekeroog, 1979.

Oliver Röller und Florian Schlesinger: *Blühende Wildnis Spiekeroog*, Spiekeroog, Verlag Hermann-Lietz-Schule, 2005.

Christof Schramm: *Schwere See vor Spiekeroog*, Hamburg, mare, Edition Beluga, 2009.

Ingo Stock: *111 Orte auf Spiekeroog, die man gesehen haben muss*, Köln, Emons, 2018.

Michael Wildt: »›Der muss hinaus! Der muss hinaus!‹ – Antisemitismus in deutschen Nord- und Ostseebädern 1920–1935«, *Mittelweg 36*, 4/2001.

ALLGEMEINE SEKUNDÄRLITERATUR

Gaston Bachelard: *Poetik des Raumes*, München, Hanser, 1960.

Hanns Bächtold-Stäubli (Hrsg.): *Handwörterbuch des deutschen Aberglaubens*, Berlin und Leipzig, de Gruyter, 1927–1987.

Richard Ellmann: *James Joyce*, New and Revised Edition, Oxford, New York, Toronto, Melbourne, Oxford University Press, 1983.

Michel Foucault: »Andere Räume«, *Botschaften der Macht: Der Foucault Reader. Diskurs und Medien*, Stuttgart, DVA, 1999.

Lisa-Ann Gershwin: *Stung! On Jellyfish Blooms and the Future of the Ocean*, Chicago, University of Chicago Press, 2013.

DIGITALE QUELLEN

Auf folgenden Websites habe ich mich umgesehen und Dokumente,
Artikel und Bilder gelesen, exzerpiert oder heruntergeladen:

Jakob und Wilhelm Grimm: *Grimmsches Wörterbuch von 1854*, die digitale
Version, *http://dwb.uni-trier.de/de/*

Dietrich Nithack: »Spiekeroog, Landkreis Wittmund«,
https://www.ostfriesischelandschaft.de/fileadmin/user_upload/
BIBLIOTHEK/HOO/HOO_Spiekeroog%20alt.pdf

https://www.evangelische-zeitung.de/einsichten/nachricht/
ewig-treu-bleiben.html

https://www.schutzstation-wattenmeer.de/wissen/

Danksagung

Ich möchte mich bei jenen bedanken, die meine Fragen beantwortet haben, die mich mit Fachkenntnis und Freundlichkeit unterstützt haben: Thomas Badewien, Hartmut Brings, Christine Christ, Stefanie Clemen, Harald Duesberg, Julia Encke, Jörg Gerdes, Ingrid Henrichs, Harald Janssen, Dieter Mader, Michael Prüfert, Jürgen Rullkötter, Klaas Warenski und besonders Reinhard Popken. Alle verbliebenen Fehler sind meine eigenen. Mein Dank und meine Liebe gehen an Christof Siemes, Johann und Mathilda.